# 향수와 AI

## AI문고

인공지능 시대입니다. 기계가 인간의 인지를 대신하고, 사물이 인간을 통하지 않고 다른 사물과 직접 커뮤니케이션합니다. 이에 따른 인간 삶과 문명 변화를 정확히 이해 · 예측 · 대응하는 것은 이 시대 우리 모두의 과제입니다. AI문고는 인공지능 기술과 환경의 여러 주제를 10가지 키워드로 정리합니다. 관련 개념과 이론, 학계와 산업계의 쟁점, 우리 일상의 변화를 다룹니다. 인간과 기술의 현재, 미래를 세심히 분석합니다.

## 일러두기

- 인명, 작품명, 저서명, 개념어 등은 한글과 함께 괄호 안에 해당 국가의 원어를 병기했습니다.
- 외래어 표기는 현행 어문규정의 외래어표기법을 따랐습니다.

처음이세요?
전문가세요?

# 향수와 AI

이선미·이경전

대한민국, 서울, 커뮤니케이션북스, 2026

**향수와 AI**

지은이 이선미·이경전
펴낸이 박영률

초판 1쇄 펴낸날 2026년 2월 27일

커뮤니케이션북스(주)
출판 등록 2007년 8월 17일 제313-2007-000166호
02880 서울시 성북구 성북로 5-11
전화(02) 7474 001, 팩스(02) 736 5047
commbooks@commbooks.com
www.commbooks.com



ISBN 979-11-430-1939-4 03500

책값은 뒤표지에 표시되어 있습니다.

# 차례

클레오파트라, 코코 샤넬, 마릴린 먼로 xi

01 유명인 향수 성공의 열쇠 1

02 향수 구독업 성공의 비결 9

03 AI가 조향에 참여한 향수 19

04 AI 기반 조향 지원 플랫폼 29

05 맞춤형 AI 향수 제작과 판매 39

06 맞춤형 향수 추천 AI 서비스 47

07 AI 향수 디바이스 55

08 AI 기반 향수 지원 인프라 63

09 AI 향수 생태계 73

10 AI 향수의 미래 81

## 클레오파트라, 코코 샤넬, 마릴린 먼로

향수를 한 번 깊게 맡아 보자. 그러면 어느새 어린 시절의 나른한 오후, 잊고 지낸 첫사랑의 순간이 불현듯 떠오르지 않는가. 인간에게 후각은 가장 원초적인 감각이다. 향기는 눈에 보이지 않지만, 마음을 강렬하게 흔드는 마법 같은 힘을 지니고 있다. 그리고 그 힘은 단지 개인의 추억을 건드리는 데서 멈추지 않는다. 향기는 오래전부터 인간의 삶과 문화, 산업과 기술을 관통해 왔다.

### 연기에서 시작된 기억: 문명이 된 향기

향수(Perfume)라는 말 자체에 이미 역사가 담겨 있다. 향수를 뜻하는 영어 Perfume은 라틴어 per fumum, 즉 "연기를 통해서"에서 유래했다. 고대인들은 향기로운 것을 불태워 피어오르는 연기로 신에게 제물을 바치며 하늘과 땅을 연결한다고 믿었다.

고대 이집트인들은 향기의 원료 제조에 특히 능했다. 향은 신께 바치는 종교 의식에 쓰였고, 파라오의 미라 제작에도 활용되었다. 여러 가지 수지(resin)와 허브, 벌꿀과 와인을 섞어 만든 고대 이집트의 향료 키피(Kyphi)는 해 질 녘에 태워 태양신에게 바치는 제례에 쓰였으며, 투탕카멘 왕의 무덤(기원전 1323년경)에서도 제조법과 함께 작은 향료 단지가 발견되었다고 전해진다.

이집트 여성들은 머리 위에 향료가 배어든 밀랍 원뿔을 얹고 다니기도 했다. 체온으로 밀랍이 서서히 녹으면서 향기로운 기름이 머리카락과 몸을 타고 흘러 전신을 감쌌고, 오늘날의 향수처럼 몸을 치장하고 더위를 식히는 역할도 했다. 클레오파트라는 자신의 존재감을 향기로 각인시키기 위해 연인을 만나러 갈 때 배의 돛과 노를 짙은 향유로 흠뻑 적셔, 강바람을 타고 향기가 멀리 퍼지도록 했다는 일화로도 유명하다.

이처럼 향기 문화는 이집트에서 그리스·로마로 퍼져나갔고, 이후 중세 이슬람권에서 크게 발전한다. 10~11세기 페르시아의 의사이자 연금술사 이븐 시나(Ibn Sina, 아비센나)는 꽃에서 향을 추출하는 증기 증류법을 개척해 오늘날 에센셜 오일 제조의 기틀을 마련했다. 그는 실험 끝에 장미를 증류해 로즈 오일과 로즈 워터를 얻는 데 성공했고, 이는 당시로서는 혁신적인 장미 향수로 이어질 수 있었다. 이전까지는 향료를 기름에 녹여 만드는 것이 일반적이었지만, 아비센나의 시도는 향수 제조를 더 가볍고 산뜻한 방향으로 열어주었으며, 훗날 알코올을 활용하는 시대로 나아가는 출발점이 되었다.

중세 이슬람의 향료 지식과 기술은 십자군 전쟁 등을 통해 유럽으로 전파되었다. 유럽인들은 장미수와 머스크, 각종 향신료 향료에 매료되어 자신들만의 향수 문화를 발전시켰다. 1370년경 헝가리의 엘리자베스 여왕을 위해 만들어졌다는 "헝가리 워터"는 로즈마리와 라벤더 등을 알코올에 담가 우린 향수였다고 전해진다. 르네상스 시대인 16세기에는 이탈리아의 메디치 가문 등이 향수 문화를 꽃피웠고, 플로렌스의 카트리나 데 메디치가 프랑스 왕실로 시집오며 전속 조향사를 대동해 이탈리아식 향수를 프랑스에 전하게 된다.

프랑스는 르네상스 이후 향수의 본고장으로 부상한다. 17~18세기에 향료 산업이 크게 발전했으며, 1709년 이탈리아 출신 조향사 조반니 마리아 파리나(Johann Maria Farina)는 독일 쾰른에서 혁신적인 오 드 코롱(Eau de Cologne)을 탄생시켰다. 그는 자신의 고향 이탈리아의 봄 아침 공기를 떠올리며 상큼한 시트러스와 허브 향을 조합해 가볍고 산뜻한 향수를 만들었고, 이는 유럽의 왕족과 귀족들에게 소개되며 선풍적인 인기를 끌었다. "쾰른의 물"은 기존의 무겁고 진한 향유와 달리 경쾌하고 청

량한 향기로 유럽 전역에 퍼져나갔고, 오늘날에도 코롱 타입 향수의 대명사가 되었다.

19세기에 접어들면서 향수 제조는 과학의 진보와 화학의 발전에 힘입어 큰 전환점을 맞는다. 자연에서 얻은 향료뿐 아니라 인공 합성 향료가 등장하기 시작한 것이다. 19세기 중엽 화학자들이 바닐라 향의 주성분 바닐린과 풀 향을 내는 쿠마린 등을 합성하는 데 성공하면서 향수의 표현력은 비약적으로 넓어졌다. 1880년대에는 이런 합성 향료 덕분에 푸제르(Fougère)나 시프레(Chypre) 같은 새로운 향조가 탄생했고, 1882년 프랑스 조향사 폴 파르케는 합성 쿠마린을 활용해 푸제르 로얄(Fougere Royale)을 만들었다. 1889년 프랑스 겔랑 가문이 내놓은 지키(Jicky)는 천연 향료와 합성 향료를 최초로 조합한 현대적 향수로 알려져 있다. 합성 향료의 도입은 조향사들에게 자연에서 찾기 힘든 향기까지 표현할 수 있는 자유를 주었고, 향수는 예술인 동시에 과학으로 발전하게 된다.

20세기에 이르러 향수는 대중화의 길로 들어선다. 그 상징 같은 사건이 1921년, 패션 디자이너 코코 샤넬(Coco Chanel)이 자신의 이름을 내건 향수 샤넬 No.5를 탄생시킨 일이다. 샤넬은 "향수를 뿌리지 않는 여자는 미래가 없다"고 말했고, 당시 최고의 조향사였던 어네스트 보(Ernest Beaux)와 협업해 기존 꽃향 위주의 향수와 전혀 다른 혁신을 만들었다. 샤넬 No.5는 합성 향료인 알데하이드를 대담하게 활용해 이전에는 맡아본 적 없는 부드럽고 화려한 향기를 구현했다. "잘 때 어떤 옷을 입나요?"라는 기자의 물음에 "샤넬 No. 5만을 입어요"라고 대답한 마릴린 먼로의 상징적 발언과 함께 샤넬 No.5는 출시 직후부터 선풍적인 인기를 끌었다.

이제 향수는 일부 상류층의 사치품이 아니라 시대를 대표하는 문화적 아이템으로 자리 잡는다. 특히 2차 세계대전 전후로 향수 산업은 기술 발전과 대량 생산을 바탕으로 폭발적으로 성장했으며, 다양한 가격대의 제품이 쏟아지면서 일반 대중도 향수를 즐길 수 있게 되었다. 1950년대 이후로는 패션 산업과 향수 산업이 긴밀히 결합하면서 유명 패션 디자이너의 향수 시대가 이어졌다. 1970년대에는 피에르 가르뎅(Pierre Cardin)을 시작으로 제프리 빈(Geoffrey Beene), 할스톤(Halston), 랄프 로렌(Ralph Lauren), 이브 생 로랑(Yves Saint Laurent) 등 쟁쟁한 디자이너들이 앞다투어 자신의 브랜드 향수를 출시했다. 고대의 클레오파트라부터 근대의 코코 샤넬, 그리고 마릴린 먼로까지, 향수의 역사는 곧 향기를 사랑한 사람들의 역사이며, 향기를 통해 정체성을 드러내 온 문화의 역사이기도 하다.

## 향기와 감각: 냄새, 기억, 마음의 연결고리

우리가 어떤 향기를 맡을 때, 머릿속에 갑자기 특정한 기억이나 감정이 떠오른 경험은 누구에게나 있다. 갓 구운 빵 냄새에 어린 시절 할머니 집이 떠오르기도 하고, 문득 맡은 어떤 향수가 첫사랑의 순간을 생생히 되살려주기도 한다. 이러한 현상을 심리학에서는 프루스트 효과라고 부른다. 마르셀 프루스트의 《잃어버린 시간을 찾아서》에서, 홍차에 적신 마들렌 과자의 향기를 맡는 순간 잊고 지냈던 어린 시절의 기억이 눈앞에 펼쳐지듯 되살아나는 장면에서 유래한 이름이다.

그렇다면 눈에 보이지 않는 향이 어떻게 기억을 강렬하게 불러일으킬까. 그 비밀은 뇌 구조에 있다. 후각 신호는 오감 중 유일하게도 대뇌피질을 거치지 않고 변연계로 바로 연결된다. 이 신호는 후각 신경을 통해 감정을 처리하는 편도체와 기억을 관장하는 해마로 곧장 신호를 보낸다. 시각이나 청각이 여러 중간 처리 단계를 거치는 것과 달리, 냄새는 본능적이고 원초적인 뇌 부위로 지름길을 타고 들어간다. 그래서 향기를 맡으면 말로 설명하기도 전에 감정이 먼저 움찔하고, 기억이 선명하게 떠오르는 경우가 많다.

이 특징은 인류의 진화 과정에서도 연유한다. 어둠 속에서 포유류의 조상들은 후각에 의존해 먹잇감이나 포식자를 파악했고, 냄새를 통해 위험을 감지하며 생존 확률을 높여 왔다. 후각 신호가 들어오면 즉각 뇌의 본능 영역이 반응해 "도망쳐!" 혹은 "잡아먹어!" 같은 명령을 내렸고, 이러한 생존 메커니즘 덕분에 후각과 감정은 떼려야 뗄 수 없을 만큼 긴밀한 연결 고리를 이루게 되었다. 진화의 기억은 오늘날에도 남아 있어, 오늘날의 우리 역시 어떤 냄새를 맡으면 이성적으로 생각하기 전에 감정부터 움직이고 기억이 반사적으로 움트는 것이다.

향기가 불러오는 기억은 개인적 추억을 넘어 집단의 기억이 되기도 한다. 오랜만에 고향 집 문을 열고 들어섰을 때 코끝을 스치는 익숙한 공기의 냄새는 단숨에 어린 시절과 가족의 정을 떠올리게 한다. 어떤 향기는 한 시대의 공기를 대표하기도 한다. 향기는 개인과 시대의 정서를 담아내는 무형의 타임머신이다.

또한 향기는 우리의 기분과 건강에도 직접적인 영향을 준다. 라벤더 향은 마음을 이완시켜 숙면을 돕고, 상큼한 시트러스 계열 향은 머리를 맑게 해 주며 기분을 북

돋우는 효과가 있다고 알려져 있다. 실제로 향기로 심신의 안정을 도모하는 아로마테라피가 대체 의학 분야로 우리 일상 속에 널리 활용되고 있다. 특정 향이 코로 전달되면 교감신경계가 반응하고 호르몬 분비에까지 영향을 주어 생리적 변화를 일으킨다는 연구 결과도 있다. 좋은 향기를 맡으면 마음이 편안해지고 몸도 긍정적으로 반응하며, 역으로 불쾌한 냄새를 맡으면 얼굴을 찡그리게 되는 것은 단지 기분 탓이 아니라 뇌와 몸이 즉각적으로 반응한 결과인 셈이다.

혹시 이 글을 읽는 독자 여러분도 문득 스치는 향기에 걸음을 멈추고 지나간 누군가를 떠올린 경험이 있지 않은가. 거리에서 풍겨온 어떤 향수가 옛 연인의 모습과 겹쳐지며 가슴이 두근거린 적 말이다. 아마 누구나 한 번쯤은 향기 속에 저장된 기억을 만난 적이 있을 것이다. 향수가 지닌 힘이 바로 거기에 있다. 비록 냄새 입자는 눈에 보이지 않지만, 향은 마음 깊숙한 곳을 열어주는 열쇠처럼 순간적으로 추억을 소환하고 감정을 일깨운다. 그래서 우리는 오늘도 기분 전환이 필요할 때 좋아하는 향수를 손목에 뿌리고, 인생의 소중한 순간마다 어울리는 향기를 찾아 나서는지도 모른다.

## 향기로 말하는 시대: 정체성의 언어

전 세계 향수 시장 규모는 수백억 달러에 달하며 매년 새로운 향수가 쏟아져 나오고 있다. 수많은 명품 브랜드, 패션 디자이너, 셀러브리티들이 저마다의 향수를 출시하며 치열한 경쟁을 펼친다. 그런데 이 경쟁의 본질을 들여다보면, 단순히 향수 제품을 판매하는 것이 아니라 향기를 통한 이미지와 경험을 판매하는 것이다. 현대의 향수는 럭셔리 마케팅의 꽃이라 불릴 만큼 브랜드의 정체성과 밀접하게 연결되어 있다.

패션 하우스에서 한 번 성공한 시그니처 향수는 곧 그 브랜드를 상징하는 후각 로고가 된다. 예를 들어 디올의 〈미스 디올〉, 톰 포드의 〈블랙 오키드〉처럼, 하나의 향수가 그 브랜드의 철학과 이미지를 담아 고객에게 강렬히 각인된다. 패션 디자이너 크리스티앙 디오르는 "향수는 그 사람을 글씨보다도 더 잘 보여 준다"는 말을 남겼는데, 이는 개인뿐 아니라 브랜드에도 그대로 적용된다. 어떤 브랜드의 대표 향을 맡으면 자연스레 그 하우스의 이미지가 떠오르고, 거꾸로 브랜드 이름을 들으면 코끝에 시그니처 향이 떠오를 정도이니까.

현대 사회에서 향수는 개인의 정체성 표현 수단이기도 하다. 패션이 자기표현의 도구가 되듯, 향수 역시 자신을 나타내는 하나의 방법이 된다. 사람들은 저마다 나만의 향, 즉 시그니처 향을 찾는다. 스스로를 힐링하는 동시에 타인에게 자신을 각인시키는 향기를 고르고 싶은 것이다. 실제로 우리는 가까이 지내는 이들의 체취나 향수를 통해 무의식중에 그 사람을 기억하곤 한다. "아, 방금 누가 지나갔는데 그 사람 특유의 향이 남아 있더라" 같은 경험이 그렇다. 향기는 개인의 트레이드마크가 될 수 있다.

나아가 향기 브랜딩은 향기의 힘을 이용해 브랜드나 공간의 이미지를 각인시키는 전략이다. 고급 호텔이나 유명 의류 매장에 들어섰을 때 그들만의 독특한 공기 냄새가 느껴지는 경우가 있다. 이는 결코 우연이 아니라, 고객의 기억 속에 특정 분위기를 심기 위한 치밀한 후각적 아이덴티티다. 좋은 향기가 나는 가게가 손님의 체류 시간을 늘리고 구매 욕구를 자극한다는 실험 결과들도 있다. 향기 마케팅은 상점, 호텔, 자동차 쇼룸, 부동산 모델하우스 등 다양한 분야에서 활용되며 브랜드 경험을 오감으로 확장하는 중요한 요소로 자리 잡았다. 결국 향수 산업 경쟁의 핵심은 그 향기가 가져다주는 감성적 경험이라 해도 과언이 아니다. 전통적으로 감성과 예술의 영역으로 여겨졌던 향수는 이제 데이터와 기술을 만나 경험 산업으로 진화하고 있다.

## AI와 향기의 만남: 조향사의 옆에 앉은 AI

수백 년 동안 향수를 창작하는 일은 섬세한 예술 감각을 지닌 조향사들의 영역이었다. 조향사들은 수많은 원료의 향을 탐구하고 조합하며, 새로운 향기를 탄생시키기까지 수개월에서 수년에 이르는 시행착오를 거쳤다. 그렇게 만들어진 향수에는 시대의 유행과 창작자의 영감이 담겨왔다.

그런데 오늘날 이 향기 창조 과정에 혁신적인 조력자가 등장했다. 바로 인공지능(AI) 이다. 최근 향수 업계에서 AI는 미래의 향수를 기획하고, 조향사의 역할 일부를 도울 수 있는 게임 체인저로 부상하고 있다. 세계적인 향료 기업들은 이미 AI 기술을 적극 도입해 방대한 향조 데이터와 조합 사례를 학습시키고 향 개발에 활용하고 있다. AI는 인간 조향사가 미처 상상하지 못했던 새로운 향의 조합을 찾아내기도 한다.

글로벌 향료 회사 지보단(Givaudan)은 카르토(Carto)라는 AI 조향 보조 도구를 개발해 조향사의 창작 활동을 돕고 있고, 심라이즈(Symrise)는 IBM과 협력해 필리라(Philyra)라는 AI 조향 플랫폼을 선보이기도 했다. AI 조향 기술은 발상의 폭을 넓혀줄 뿐 아니라, 복잡한 제조 과정이나 안전성 시험 같은 부분을 지원해 개발에 필요한 시간과 비용을 단축한다. 또한 AI가 제안한 대체 원료를 활용하면 희귀한 동물성 향료나 환경 파괴 우려가 있는 재료를 친환경적으로 치환할 수도 있어 향기 산업의 지속 가능성을 높이는 데에도 기여할 수 있다.

무엇보다 흥미로운 변화는 경험의 확장이다. 이제 향수는 더 이상 전문가들만의 전유물이 아니다. 향료 지식이 없는 사람도 AI 조향 애플리케이션을 통해 손쉽게 자신의 취향에 맞는 향수를 만들 수 있게 되었다. 좋아하는 향이나 느낌을 입력하면 AI가 어울리는 향료들을 조합해 나만의 향을 추천해 주는 시대가 열린 것이다. AI는 향기의 세계에 대한 진입 장벽을 낮추고, 누구나 자신의 향기를 창조하도록 돕는다. 더 나아가 음악이나 영상에 어울리는 향을 실시간으로 분사해 멀티센서리 경험을 제공하거나, 영화 · VR 콘텐트에 맞춰 장면마다 향을 뿌려 몰입감을 높이는 시도들도 등장하고 있다. 고전적 예술인 향수와 최첨단 기술인 AI가 만나 퍼퓸 테크(Perfume Tech) 시대가 열리고 있는 것이다.

## 감각이 데이터가 되는 시대, 퍼퓸 테크

앞으로 AI와 향수의 만남은 더 빠르게 진화할 것이다. AI 기술의 발전, 더 나아가 AGI(범용 인공지능)의 발전은 향수의 창작 · 유통 · 소비 방식에 변화를 가져올 가능성이 크다. 어쩌면 미래의 AI는 인간의 후각과 감성까지 깊이 이해해 데이터 기반으로 우리의 감정을 섬세히 읽어내는 향을 디자인할지도 모른다.

예컨대 AI 비서가 아침에 사용자의 수면 데이터와 기상 정보를 분석해 "오늘은 기분 전환이 필요하시군요"라며 상큼한 시트러스 향을 집 안에 퍼뜨려 줄 수도 있다. 스마트 디퓨저와 연동된 AI 시스템이 스트레스 지수를 감지해 라벤더와 로즈마리 향을 자동 분사하며 마음을 달래는 풍경도 충분히 그려볼 수 있다. 가상현실이나 게임 속 상황에 따라 향을 뿌려주는 향기 VR 기술이 발전하면, 우리는 화면 속 가상의 정원에서 실제 장미 꽃내음을 맡고, 우주선 모험을 체험하면서 코끝에 금속성 우주 공간의 향까지 느끼는 시대를 맞이할지도 모른다.

향수 산업은 AI를 통해 데이터 기반의 경험 경제로 서서히 변모하고 있다. 향수를 단순한 제품이 아니라 서비스이자 경험으로 제공하려는 움직임이 뚜렷하다. 향수 구독 서비스는 AI 알고리듬으로 구독자의 취향을 학습하고 매달 새로운 향을 큐레이션해 깜짝 선물처럼 보내준다. 소비자는 새로운 향과 이야기를 접하는 경험을 얻고, 기업은 축적된 데이터를 바탕으로 더 정교한 취향 분석과 제품 개발을 이어가는 선순환 구조를 만들 수 있다. 향기와 AI, 그리고 방대한 취향 데이터의 결합은 우리의 감성 생활 전반을 풍부하게 하는 방향으로 나아가고 있다.

물론 향기는 본질적으로 인간의 감각과 떼어놓을 수 없는 예술의 영역이다. 최첨단 기술이 도입된다고 해서 향수가 지닌 감성적 울림과 스토리텔링이 사라지는 것은 아니다. 오히려 AI는 인간의 창의력을 보완해, 방대한 데이터 속에서 사람이 쉽게 발견하지 못했던 새로운 조합과 패턴을 찾아줌으로써 향수라는 예술을 더욱 풍요롭게 만들 것이다. AI는 인간의 감각을 대체하는 것이 아니라, 인간과 데이터의 조화를 통해 과학과 예술, 기술과 감성이 균형을 이루도록 돕는 조력자다.

향기를 사랑해온 인간의 오랜 이야기와, 향을 데이터로 분석하고 창조하는 AI의 새로운 이야기가 만나는 지점에서 우리는 신비롭고도 멋진 향기의 세계를 마주하게 될 것이다. 책장을 넘기는 지금 이 순간에도 은은한 향기가 함께하길 바라며, 향기의 세계로 온 것을 환영한다. 이제 천천히 첫 페이지를 열고, 향과 이야기의 깊은

숲으로 걸어 들어가 보자. 이 여행이 독자 여러분의 마음에 오래도록 따뜻한 여운으로 남기를 바란다.

## 향기를 설계한다: AI 향수의 현재와 미래

산업 전반에서 AI 융합이 논의되고 있다. AI는 2024년 노벨화학상을 받게 된 계기가 된 딥마인드의 알파폴드처럼 새로운 물질을 찾아내는 엔진으로 기능하기도 하고(Jumper et al., 2021), 기존 제품과 서비스 중 고객에게 알맞은 것을 조합해 제공하거나 마케팅과 브랜딩 과정을 지원할 수도 있다. 이러한 AI 융합은 디지털화가 용이한 콘텐트 산업이나 전자 제품, 디지털 서비스 분야를 넘어 이제 식품, 패션, 화장품 등 물리적 제품과 서비스를 제공하는 산업 분야로까지 확장되고 있다.

향수 사업은 천연 또는 합성 향료를 배합하는 조향 과정을 거쳐 병 또는 장치에 담고, 이를 브랜딩 · 스토리텔링하여 소비자에게 판매하는 사업이라 정의할 수 있다. 이 정의에 기반하면, AI 융합 향수 비즈니스에서 AI는 다음 여섯 가지 기능을 수행하는 것으로 분류해 볼 수 있다.

1. AI가 향수 제조 기업의 신제품 출시 과정에 직접 참여.
2. AI가 조향 및 브랜딩 · 스토리텔링을 지원하는 솔

루션 · 플랫폼의 핵심 기술로 사용.

3. 소비자 맞춤형 향수를 빠르게 제작하는 자동화 과정에서 활용.
4. 소비자 맞춤형 향수 추천 프로세스에서 활용.
5. 개인 맞춤형 향수 디바이스의 엔진으로 기능.
6. 향수 사업의 다양한 측면을 기술적으로 지원.

이 책은 AI의 여섯 가지 역할에 따른 비즈니스 모델을 명명하고, 각 모델의 사례를 분석한다. 1장과 2장은 유명인 향수 성공의 열쇠와 향수 구독업 성공의 비결을 밝힌다. 3장은 AI가 조향 · 브랜딩에 참여한 향수 제품 사업을, 4장은 AI 기반 조향 · 브랜딩 지원 솔루션 · 플랫폼 사업을, 5장은 소비자 맞춤형 AI 기반 향수 제작 판매 사업을, 6장은 AI 기반 향수 추천 판매 사업을, 7장은 AI 기반 개인 맞춤형 향수 디바이스 사업을, 8장은 AI 기반 향수 지원 인프라 사례를 다룬다. 9장에서는 이 여섯 가지 비즈니스 모델을 수행하는 AI 향수 생태계를 개관하고, 10장에서는 AI 향수의 미래를 조망한다.

## 참고문헌

Jumper, J. et al.(2021). Highly accurate protein structure prediction with AlphaFold. *Nature, 596*(7873), pp.583~589.

## 01
# 유명인 향수 성공의 열쇠

유명인 향수 시장의 개념과 진화, 그리고 AI 분석을 통한 성공 요인 규명 과정을 소개한다. AI 기반 분석툴이 감성 산업의 성공 규칙을 어떻게 설명할 수 있는지를 탐색한다.

기후 위기와 인공지능?

## 유명인 향수

유명인 향수는 배우나 가수, 운동선수처럼 대중에게 널리 알려진 인물의 이름이나 이미지를 활용해 출시된 향수를 말한다. 엘리자베스 테일러는 1991년 자신의 이름을 내건 〈화이트 다이아몬즈(White Diamonds)〉를 선보이며 이 시장의 문을 활짝 열었다(Lubitz, 2018). 이후 2002년, 제니퍼 로페즈가 〈Glow by J.Lo〉를 내놓으면서 본격적인 유명인 향수 붐이 일었다(Gillespie 2018). 팬들은 향수를 통해 단순히 향기를 사는 것이 아니라, 자신이 좋아하는 스타의 화려한 삶과 이미지를 향기로 소유한다. 이런 감정적 연결 덕분에 유명인 향수는 하나의 문화 현상이자 수십억 달러 규모의 산업으로 성장했다(Anson & Samala, 2014).

이 시장은 유명인과 화장품 기업 모두에게 매력적인 구조다. 스타에게는 명성을 수익으로 전환할 수 있는 수단이 되고, 기업에게는 안정적 판매와 높은 이윤을 보장하는 마케팅 전략이 된다. 엘리자베스 테일러의 경우, 2011년 그가 세상을 떠났을 때 순자산으로 추정되는 6억~10억 달러 중 대부분이 향수 브랜드에서 비롯되었다(Miccaeli, 2021). 향수 라이선스 계약의 로열티는 보통 매출의 5~10%에 이르며, 스타는 브랜드에 이름을 빌려주는 것만으로도 큰 수익을 올린다. 위험은 적고 보상은 큰 구조다.

이처럼 향수는 유명인이 자신의 정체성을 확장하고 브랜드 이미지를 강화할 수 있는 가장 효과적인 매체이기도 하다. 향은 그 사람의 라이프스타일과 감정, 기억을 표현하는 상징이 되기 때문이다. 하나의 향수 라인은 팬들에게는 스타의 세계로 들어가는 문이 되고, 유명인에게는 뷰티나 패션 같은 다른 산업으로 진출하는 디딤돌이 된다. 제조업체 입장에서도 유명인과의 협업은 치열한 향수 시장에서 제품을 돋보이게 만드는 전략적 선택이다. 스타의 이름은 브랜드 인지도를 높이고, 충성도 높은 팬층을 즉각적으로 끌어들인다. 특히 향수 소비에 처음 관심을 가지는 젊은 고객에게는 이런 접근이 강력한 매력으로 작용한다.

하지만 모든 유명인 향수가 성공하는 것은 아니다. 2000년대 중반 정점을 찍은 셀러브리티 향수 열풍은 2010년대에 접어들며 점차 식어갔다. 2014년 엘리자베스 아덴은 저스틴 비버와 테일러 스위프트 향수의 판매 부진으로 큰 손실을 입었다(Drake, 2014). 팬들은 더 이상 단순히 스타의 이름만으로 향수를 사지 않게 된 것이다. 같은 시기 한국에서는 조 말론과 딥티크 같은 브랜드가 향수 평판 상위권을 차지하면서, 유명인 향수보다 자신에게 맞춘 개인 향기를 찾는 수요가 두드러졌다(박소정, 2020).

그렇다고 유명인 향수가 사라진 것은 아니다. 소셜 미디어 시대에 이르러, 스타와 팬의 거리가 가까워지면서 향수는 다시 주목받고 있다. 인플루언서와 온라인 커뮤니티가 주도하는 새로운 형태의 팬덤이 등장하면서, 향수를 통한 셀러브리티 경험은 또 한 번 부활의 조짐을 보이고 있다.

결국 유명인 향수의 역사는 스타의 문화적 영향력, 소비자의 정체성 욕구, 그리고 향이라는 감성 산업이 얽혀 만들어 낸 순환의 이야기다. 시대에 따라 그 열기는 오르내리지만, 사람들은 여전히 누군가의 향기를 통해 자신을 표현하고, 또 그 향기를 통해 타인의 삶을 꿈꾼다.

## 유명인 향수의 성공 요인

이선미 · 이경전(2025)의 탐색 연구는 "어떤 조건에서 유명인 향수가 성공하거나 실패하는가"를 중심 질문으로 삼고, 1990년대부터 2020년대에 이르기까지 31개의 유명인 향수 브랜드를 선정하였으며, 홍보 전략, 제품력, 팬덤 규모, 브랜드 관리 지속성, 가격 경쟁력 등 12개의 변수를 도출했다. 수집된 정보를 기반으로 사례별 정량 · 정성 분석을 실시했다. 이 과정에서 AI는 대규모 텍스트 데이터(기사, 리뷰, 소셜 미디어 게시물 등)를 정제하고, 인간 연구자가 그 결과를 해석하여 사례별 각 변수의 값을 할당한 사례 분석표를 기계 학습 분야의 대표적 알고리듬인 ID3 알고리듬을 이용해 귀납적 학습을 수행함으로써(Jin et al., 2003), 성공과 실패를 설명하는 가설을 도출했다.

그 결과 유명인 향수의 성공과 실패를 설명하는 세 가지 핵심 가설을 도출했다. 이 가설들은 향수 산업의 직관적 경험을 데이터 기반 규칙으로 전환한 결과이자 제품력, 지속성, 브랜드 관리의 삼중 구조가 성공의 본질임을 보여 준다.

### 가설 1. 제품력이 약하면 실패한다

팬덤이 크고 홍보가 활발하더라도 향수의 품질과 향 자체의 매력이 부족하면 초기 호기심은 금세 사라지고 매출은 급락한다. 제품력이 약한 향수는 첫 반응 이후 재구매로 이어지지 못하며, 결국 단종이나 시장 퇴출로 귀결된다. 50 Cent의 〈Power by 50 Cent〉나 셰어(Cher)의 〈Uninhibited〉처럼 이름값은 컸지만 향 자체의 완성도가 낮았던 사례가 대표적이다. 결국 향수 시장에서 브랜드 이미지나 팬덤은 초기 판매를 유도할 뿐, 품질이 부족하면 이를 유지할 수 없음을 보여 준다.

### 가설 2. 제품력이 강해도 지속적 브랜드 관리가 없으면 실패한다

향의 품질이 우수하더라도 지속적인 후속 제품 개발과 브랜드 관리가 없으면 성공은 일회성으로 끝난다. 초기 반응이 좋아도 후속작 부재, 제조사의 조기 지원 중단, 마케팅 · 리뉴얼의 결여 등으로 브랜드가 정체되면 소비자의 관심은 빠르게 식는다. 저스틴 비버(Justin Bieber)의 〈Someday〉와 〈The Key〉, 테일러 스위프트(Taylor Swift)의 Wonderstruck이 그 예다. 두 브랜드 모두 초반 판매는 호조였지만, 라인업 구축과 브랜드 관리에 실패해 결국 시장에서 사라졌다. 이는 향수 산업에서 지속적 투자와 관리가 품질만큼 중요함을 보여 주는 사례다.

### 가설 3. 제품력이 강하고 지속적 브랜드 관리가 이루어지면 성공 확률은 높아진다

향기의 품질이 높고, 여기에 꾸준한 브랜드 관리가 결합되면 성공 확률은 압도적으로 높아진다. 첫 제품의 완성도와 함께 연이은 신제품, 한정판, 파생 제품이 브랜드를 확장시키며 장기적인 매출과 충성 고객을 확보한다. 브리트니 스피어스(Britney Spears), 아리아나 그란데(Ariana Grande), 비욘세(Beyoncé)의 향수 라인은 이러한 조건을 충족한 대표적 성공 사례다. 이들의 향수는 첫 출시 이후 폭발적인 판매를 기록했고, 지속적인 라인업 확대와 리뉴얼을 통해 수억 달러 규모의 매출을 올리며 장기 브랜드로 자리 잡았다(Jensen, 2025).

세 가지 가설은 결국 하나의 결론으로 모인다. 유명인의 이름은 출발점일 뿐이며, 향수 산업의 지속적 성공은 제품의 품질, 그리고 브랜드를 지속적으로 키우는 관리 역량에 달려 있다. 이 연구는 향수 산업을 감성의 영역에서 데이터의 영역으로 확장하며, AI와 인간 연구자가 협력해 설명 가능한 규칙을 도출한 사례다.

### 참고문헌

박소정(2020). "글로벌 니치 향수의 특성과 이미지 연구: 조말론과 딥티크 향수의 비교분석을 중심으로". 《일러스트레이션 포럼》, 21(65), 139~148쪽.

이선미·이경전(2025). "생성AI와 귀납적 기계 학습에 기반한 유명인 향수 탐색 사례 연구: 성공 및 실패 요인의 도출과 가설의 생성". 《한국IT서비스학회지》, 24(5), 57~74쪽.

Anson, W. & Samala, J.(2014.Summer). Celebrity Endorsements – The Scent Of A License. Total Brand Licensing. https://consor.com/celebrity-endorsements-the-scent-of-a-license

Drake, D.(2014.8.21). Poor Perfume Sales Reveal the Powerful Connection between Business and Celebrity. Wharton Global Youth. https://globalyouth.wharton.upenn.edu/articles/poor-perfume-sales-reveal-powerful-connection-business-celebrity/

Gillespie, K.(2018.9.6). 'Glow' by JLo Is the Best Celebrity Perfume of All Time. Paper Magazine. https://www.papermag.com/glow-by-jlo-perfume

Jensen, E.(2025.1.13). Celebrities made fragrance a business mainstay. Can influencers do the same?. Glossy. https://www.glossy.co/pop/celebrities-made-fragrance-a-business-mainstay-can-influencers-do-the-same/

Jin, D. et al.(2003). Generation of Hypotheses on the Evolution of Agent-Based Business Using Inductive Learning. *Electronic Markets, 13*(1), pp.13~20.

Lubitz, R.(2018.3.22). Why celebrity fragrances wouldn't exist without Elizabeth Taylor. Mic. https://mic.com/articles/188527/why-celebrity-fragrances-wouldnt-exist-without-elizabeth-taylor

Miccaeli(2021.4.15). A Cultural Autopsy of the Celebrity Perfume. Miccaeli Substack. https://miccaeli.substack.com/p/a-cultural-autopsy-of-the-celebrity

## 02
# 향수 구독업 성공의 비결

향수 구독 서비스의 성공 요인은 무엇일까? 가격, ESG(환경, 사회, 지배구조) 지향, 개인화, 전문가 큐레이션 등의 변수로 향수 구독 서비스의 성패를 설명하는 규칙을 AI 방법론으로 도출한 과정을 소개한다. 전통적으로 감성과 예술의 영역으로 여겨졌던 향수 산업이, AI를 통해 데이터 기반의 경험 경제로 진화하고 있음을 엿볼 수 있다.

노래하는 AI 보컬?

## 향수 구독 서비스

향수는 화장품 가운데서도 개인의 취향과 감정이 특히 크게 작용하는 제품이다. 어떤 향을 고르느냐는 단순한 선택을 넘어, 자신을 표현하고 기억을 저장하는 감각적 행위에 가깝다. 그렇기 때문에 향수를 고를 때는 향의 조합뿐 아니라 브랜드의 이미지, 사용자의 가치관, 경험과 선호가 모두 중요한 역할을 한다(김영주, 2020; 유미리 · 김주덕, 2022).

향수는 여전히 고급 소비재의 성격을 지니지만, 최근에는 이러한 구조를 바꾸려는 새로운 시도가 등장했다. 바로 향수 구독 서비스다. 이 서비스는 매달 일정 금액의 구독료를 내면 여러 브랜드의 향수를 소용량으로 받아 볼 수 있게 하는 방식이다. 한 달에 평균 두세 가지의 다른 향을 저렴한 가격으로 시험할 수 있어, 향수를 자주 바꾸어 쓰거나 자신의 취향을 찾고 싶은 사람들에게 인기를 얻고 있다.

글로벌 컨설팅사 맥킨지(McKinsey & Company, 2021)는 구독 비즈니스가 데이터를 통해 소비자의 욕구를 더 잘 파악하고, 이를 다시 제품과 서비스 개선에 반영하는 선순환 구조를 만든다고 분석했다. 향수 구독 서비스도 이러한 구독 경제의 연장선상에 있다. 소비자가 실제 사용 데이터를 남기면, 기업은 그 정보를 바탕으로 선호 향, 불편 사항, 재구매 의향 등을 분석해 제품 개발이나 마케팅 전략을 정교하게 조정할 수 있다(Ranasinghe et al., 2024). 고객은 다양한 향을 경험하면서 자신의 취향을 세분화할 수 있고, 기업은 고객 데이터에서 통찰을 얻어 맞춤형 서비스를 강화하는 셈이다.

향수 구독 서비스는 국내에서는 아직 본격적으로 도입되지 않았지만, 북미와 유럽 시장에서 빠르게 성장하고 있다. 이러한 성장에는 몇 가지 요인이 있다. 첫째, 팬데믹 이후 온라인 쇼핑이 일상화되면서 정기 배송형 서비스에 대한 수요가 폭발적으로 늘었다. 둘째, AI 기술을 활용한 맞춤형 제품 추천이 향수 산업에도 도입되어, 개인의 감정과 취향에 기반한 선택을 돕고 있다. 셋째, 샘플 사이즈 중심의 구독 서비스는 불필요한 자원 낭비를 줄이고, 재활용 가능한 패키지 등 ESG(환경, 사회, 지배구조) 경영에도 부합한다. 넷째, 구독 시장 자체의 확대다. 전문가 시장 조사에 따르면 전 세계 구독 박스 산업의 규모는 2027년에는 600억 달러를 넘어설 것으로 예상된다(EMR, 2024).

향수 구독 서비스는 전통적인 향수 산업의 구조를 뒤흔드는 새로운 시도로, 가격과 접근성의 제약을 줄이고,

데이터를 기반으로 개인화된 경험을 제공하며, AI와 결합하여 향의 세계를 보다 확장된 감성 비즈니스로 이끌어 가고 있다. 이러한 변화는 단순히 향수를 사용하는 방법을 바꾸는 데 그치지 않는다. 기업과 마케터들이 향수 시장에 접근하는 방식 자체가 새롭게 재편되고 있다. 구독 모델은 제품의 소유에서 경험으로 초점을 옮기며, 소비자와 브랜드 간의 관계를 일회성 구매가 아닌 지속적인 교류로 전환시킨다. 재화를 한 번 사서 소유하는 기존의 구매 개념을 확장해, 소유 대신 정기적인 이용과 체험을 목적으로 일정 금액을 주기적으로 지불하는 새로운 형태의 비즈니스 모델인 것이다(김지은, 2020). 이 모델은 제품을 판매하는 것보다 지속적인 경험을 제공함으로써 고객의 충성도와 데이터 기반 피드백을 함께 확보할 수 있다는 점에서 기업에게도 매력적이다.

특히 향수 구독 서비스는 COVID-19 팬데믹 이후 빠르게 성장했다. 외출이 줄고 대면 판매가 위축되면서, 소비자들은 온라인을 통해 다양한 향을 손쉽게 시험할 수 있는 방법을 찾기 시작했다. 이 과정에서 월 단위로 향을 제공하는 구독형 서비스가 새로운 대안으로 떠올랐다. 그 결과 향수 구독은 단순한 유통 혁신을 넘어, 소비자 행동 · 데이터 분석 · 브랜드 커뮤니케이션 방식 전반을 바꾸는 흐름으로 발전하고 있다.

이처럼 향수 구독 모델의 등장은 향수를 경험하고 선택하는 소비자의 행태뿐 아니라, 브랜드가 시장과 고객을 이해하고 소통하는 전략에도 근본적인 변화를 가져왔다. 구독 모델은 AI 기반의 개인화 추천, 소비자 감성 데이터 분석 등과 결합하면서 향수 산업은 전통적 럭셔리 시장을 넘어 데이터와 경험 중심의 비즈니스 모델로 진화하고 있다.

## 향수 구독 서비스의 성공 요인

이선미 · 진동수(2023)의 연구는 화장품 구독 서비스를 대상으로 ESG, 가격, 맞춤형 서비스의 여부, 버저닝의 여부, 전문가 추천 기능의 여부가 성공과 실패에 미치는 영향을 분석해 ESG가 없으면 실패한다는 비교적 단순한 규칙을 도출한 바 있는데, 후속 연구로, 홍지민 · 정백 · 이선미(2025)는 같은 방법론을 향수 구독 서비스에 적용한 결과, 향수 산업의 특수성이 이 규칙을 미세 조정하게 만든다는 사실을 발견했다. 수집 · 정제한 25개 향수 구독 서비스 사례를 ID3 알고리듬으로 분석했는데, 향수 구독 모델은 개인적 감성, 취향 반영, 전문가 큐레이션의 영향력이 크기 때문에, ESG 요인의 부재가 곧 실패로 이어지지 않았다. 그 결과를 아래의 세 가설로 요약한다.

**가설 1. ESG 요소가 없더라도 버저닝, 맞춤형 서비스, 전문가 추천 기능 등 세 요인 중 두 개 이상이 존재하면 성공하고, 한 개 이하면 실패한다**

ESG를 표방하지 않는 향수 구독서비스라도, 맞춤형 서비스, 전문가 추천, 버저닝 중 두 가지 이상을 제공한 사례들은 모두 성공했다. ESG 요소가 없는 브랜드 중 절반 가까이가 성공했는데, 이들은 향의 개인화와 전문가 큐레이션을 적극 활용했다. 향수 구독 서비스가 감성적 경험의 가치를 중시하기 때문에, 지속 가능성보다 감각적 맞춤성이 더 큰 역할을 한다는 점을 보여 준다.

**가설 2. ESG 요소가 존재하면서 중가 전략을 취한 서비스는 버저닝, 맞춤형 서비스, 전문가 추천 기능이 모두 없는 경우는 실패하고, 하나 이상을 제공하면 성공한다**

중간 가격대이면서 ESG를 실천하는 향수 구독 서비스라도, 맞춤형 추천과 버저닝이 결여되면 차별성이 약해져 이탈률이 높았다. 즉, 품질이 일정 수준 이상이더라도, 경험적 서비스가 뒷받침되지 않으면 구독 지속률이 떨어진다는 것이고, 개인의 감정 · 취향 데이터를 반영한 큐레이션이 중요함을 시사한다.

**가설 3. ESG 요소가 존재하면서 저가 전략을 취한 서비스는 버저닝, 맞춤형 서비스, 전문가 추천 기능 3요소가 모두 없는 경우는 실패하지만, 하나라도 있으면 성공한다**

ESG를 내세우면서 가격을 낮게 책정한 브랜드라도, 기능적 차별성이 전무하면 소비자에게 가성비 이상의 가치를 전달하기 어렵다. 저가형 모델에서도 최소한의 개인화 · 추천 · 버저닝 중 하나가 있으면 성공했다. 가격이 낮더라도 개인 경험의 만족도가 있어야 구독 지속으로 연결될 수 있음을 보여 준다.

이러한 결과는 향수가 일반 화장품보다 감각적 만족과 정서적 경험의 비중이 크며, 이 때문에 개인화 서비스, 전문가 큐레이션, 버저닝 같은 경험 요인이 성공의 핵심 변수로 작용함을 보여 준다. 결국 향수 구독 서비스는 지속 가능성(ESG) · 감성적 개인화 · 가격 전략의 균형을 통해서만 장기 생존이 가능하다.

예를 들어, 미국 뉴욕에서 시작된 향수 정기구독 서비스 센트버드(Scentbird)는 개인 맞춤 추천과 합리적 가격 전략을 앞세워 20~30대 고객을 사로잡았다. 월 16.95달러의 구독료로 매달 8ml 향수를 배송하면서도

AI 기반 추천 시스템으로 취향에 맞는 향을 골라주는 이 서비스는, 2025년 기준 구독자 100만 명 돌파와 연 매출 5540만 달러 달성이라는 성과를 거두었다. 방대한 피드백 데이터를 학습한 추천 알고리듬과 500여 개 브랜드 향을 합리적 가격에 체험하게 한 전략 덕분에, 센트버드는 안정적인 팬층을 구축하며 구독 서비스 성공 사례로 자리매김했다.

### 참고문헌

김도연(2024). "향수 시장 동향 분석 및 소비자 인식에 관한 연구". 동덕여자대학교 미래전략융합대학원 석사학위논문.

김영주(2020). "미용인의 향수 사용 행태 및 선호하는 향의 특성 분석". 원광대학교 일반대학원 박사학위논문.

김지은(2020). "구독 서비스 이용자의 지속적 이용의도에 영향을 미치는 요인에 관한 연구". 성균관대학교 일반대학원 석사학위논문.

유미리·김주덕(2022). "여성들의 향수 사용실태 및 구매행동에 관한 연구". 《한국화장품미용학회지》, 12(1), 103~112쪽.

이선미·진동수(2023). "화장품 구독 서비스의 성공 요인 가설 도출을 위해 귀납적 기계 학습 방법을 적용한 탐색적 다중 사례 연구". 《한국화장품미용학회지》, 13(3), 429~442쪽.

홍지민 외(2025). "향수 구독 서비스의 성공 요인 연구: ID3 기반 귀납적 추론을 활용한 다중 사례 분석". 《한국화장품미용학회지》, 15(1), 1~14쪽.

EMR(2026). Perfume Market Size, Share and Growth Analysis

Report – Forecast Trends and Outlook (2026–2035)https://www.expertmarketresearch.com/reports/perfume-market

McKinsey & Company(2021.5.26). Sign up now: Creating consumer and business value with subscriptions. https://www.mckinsey.com/capabilities/growth-marketing-and-sales/our-insights/sign-up-now-creating-consumer-and-business-value-with-subscriptions

Ranasinghe, H. D. et al.(2024). Exploring Consumer Buying Patterns in Subscription-Based Services: An Analytical Study. *Reviews of Contemporary Business Analytics.* https://www.researchgate.net/publication/386509220_EXPLORING_CONSUMER_BUYING_PATTERNS_IN_SUBSCRIPTION-BASED_SERVICES_AN_ANALYTICAL_STUDY

## 03
# AI가 조향에 참여한 향수

AI 기술은 이제 향수를 만드는 과정에도 깊숙이 관여하고 있다. 과거 향수의 세계가 숙련된 조향사의 감각과 경험에 의존했다면, 오늘날의 조향실에서는 데이터 분석과 알고리듬이 새로운 영감을 제공한다. AI는 수천 가지 향료 조합을 학습하고, 인간의 후각으로는 쉽게 인식하지 못하는 조합의 가능성을 제시하며, 조향사와 협업하는 창의적 파트너로 자리 잡았다.

인공지능과 편향?

## 엘리시안: AI가 만든 천연 향수

미국 LA의 인디 브랜드 바이올로지 프래그런스(Biology Fragrance)는 2024년 초 AI 기술을 활용해 조향한 천연 향수 〈엘리시안(Elysian)〉을 선보였다(Beauty Independent, 2024). 이 향수는 향 조합부터 제품명, 디자인, 스토리까지 전 과정을 AI가 제안했다. 연구진은 대규모 언어 모델(LLM)과 천연 에센셜 오일 · 향 효능 데이터베이스를 결합해 "Immersive, intuitive scent(몰입감 있고 직관적인 향기)"라는 키워드에 부합하는 향 노트를 AI가 스스로 추천하도록 했다. AI는 제품명을 Elysian(천상의, 이상향의)으로 명명했고, 패키지 디자인 시안도 이미지 생성 알고리듬을 통해 완성했다. 이후 인간 조향사와 디자이너가 세밀한 조정을 거쳐 최종 제품이 탄생했다. 10ml 롤러볼 형태의 합리적 가격(32달러)과 AI가 창작한 향이라는 콘셉트는 MZ 세대의 호기심을 자극했다. 출시 직후 빠르게 완판되었고, 〈Elysian〉은 바이올로지의 시그니처 라인으로 자리 잡으며, 미국 전역 부티크 매장으로 확산되었다.

천연 향수 시장에 AI를 결합한 독특한 콘셉트의 엘리시안은 향 자체의 완성도가 높아 재구매율이 60%를 넘겼다는 점, 그리고 "미래의 향수를 미리 맡는다"는 AI 스토리텔링이 강력한 바이럴 효과를 일으킨 사례다.

## Infiniment Coty Paris: 기술 중심의 한계

글로벌 향수 기업 코티(Coty)는 2024년 〈Infiniment Coty Paris〉라는 AI 기반 향수 컬렉션을 내놓았다(Perfumer & Flavorist, 2024). AI는 소비자 선호 데이터와 분자 조합을 분석해 향의 밸런스를 최적화하도록 설계되었다. 한 번에 14종을 동시 출시하며 기술력을 과시했으나, 결과는 기대에 미치지 못했다. 과잉 라인업으로 개별 향의 차별성이 흐려졌고, 기술 설명에 치중한 마케팅은 감성적 공감을 얻지 못했다.

가격은 높았지만 향은 평범하다는 평가가 이어졌고, 판매는 초기 호기심 이후 급격히 둔화되었다. 이 사례는 AI를 전면에 내세운다고 해서 소비자에게 매력적인 경험이 보장되는 것은 아님을 보여 준다. 기술은 향의 품질을 보완하는 도구일 뿐, 감성적 공감과 스토리텔링이 뒷받침되지 않으면 상업적 성공으로 이어지지 않는다는 교훈을 남겼다.

## Very Irresistible: 감정 데이터 활용 조향

프랑스의 지방시(Givenchy)는 2022년 LVMH 그룹 R&D

조직과 글로벌 향료 회사 IFF(International Flavors & Fragrances Inc)와 협력하여, 소비자의 뇌파와 생리 반응 데이터를 분석해 "기분을 좋게 하는 장미향"을 제안한 AI의 결과를 리뉴얼된 〈Very Irresistible〉에 반영했다(The Guardian, 2023). AI는 우울감 완화와 기분 고양에 효과적인 특정 장미 추출물(Anti-morose Rose)을 추천했고, 이를 마음까지 밝아지는 장미향이라는 감성 메시지로 풀어내서, 젊은 세대가 원하는 긍정 · 힐링 · 기분 전환 등 긍정 정서를 자극했다(NST Perfume, 2023). 이러한 데이터 기반 스토리텔링은 신뢰를 높였고, 제품은 긍정적인 리뷰와 함께 판매 호조를 기록했다. AI의 도움에도 불구하고, 명품 향수로서의 고유한 품질과 감성을 유지했다는 점이 가장 큰 강점으로 평가된다.

## J'adore Parfum d'Eau: AI의 내재화

디올(Dior)은 향료 회사 지보단의 AI 도구 카르토(Carto)를 활용해 〈J'adore Parfum d'Eau〉의 조향을 지원받았다. AI는 수천 가지 향 조합을 시뮬레이션해 산뜻하면서도 부드러운 플로럴 노트를 추천했고, 조향사는 그중 감각적으로 조화로운 배합을 선택했다. AI를 내부 프로세스에 자연스럽게 통합해 기술을 감성적 혁신의 언어로 전환했다.

## Paco Rabanne Phantom: 과학적 스토리텔링의 힘

스페인의 파코라반(Paco Rabanne)은 향료 회사 IFF와 협력해 2021년 AI 조향의 대표작 〈Phantom〉을 발표했다(BeautyMatter, 2021). 소비자 반응 데이터를 신경과학적으로 분석한 AI 조향 시스템의 첫 상용 사례였다. AI는 남성 향수 시장에서 섹시함과 에너지를 유발하는 분자를 찾아내 기존 향수에서 거의 쓰이지 않던 스타이릴 아세테이트를 기존 대비 10배 농도로 조합하도록 제안했다. 18~35세 남성을 대상으로 한 뇌파 실험에서 긍정적 정서를 자극한다는 결과가 검증되었고, 이 과학적 근거는 강력한 스토리텔링으로 이어졌다. 로봇이 만든 향수라는 콘셉트 아래 로봇 모양의 병 디자인과 "AI + 퓨처리즘" 캠페인이 젊은 세대의 호기심을 자극했다. 〈Phantom〉은 글로벌 시장에서 기록적 판매를 올리며 푸이그(Puig) 그룹의 핵심 브랜드로 성장했다. AI가 단순 조향 보조를 넘어 브랜드의 상징 자산이 될 수 있음을 입증한 사례다.

## Prada의 Paradoxe Virtual Flower: 예술성과 기술의 조화

이탈리아의 프라다(Prada)는 2024년 플래그십 향수 Paradoxe를 AI로 재해석한 한정판 Paradoxe Virtual Flower를 출시했다(Beauty Scene, 2024). 프랑스의 로레알(L'Oreal)과 협업해 자체 AI 조향 시스템을 구축하고, 수천 가지 향료 조합 데이터를 학습시켜 인간 조향사가 떠올리기 어려운 새로운 향의 영역을 탐색했다. AI는 가상공간에서 수백 가지 배합을 제시했고, 마스터 조향사가 그중 가장 창의적인 조합을 선별했다. 결과물은 인간과 기계의 공동 창작 향수라는 독창적 스토리로 소비자에게 다가갔다. 한정 수량이 조기 완판되며 상업적 성공을 거두었고, 프라다는 AI를 창의성의 파트너로 활용한 럭셔리 브랜드라는 혁신 이미지를 확고히 했다.

인간의 예술성과 AI의 계산적 창의성이 조화를 이룰 때, 기술이 예술을 대체하는 것이 아니라 예술을 확장하는 도구가 될 수 있음을 보여 준다.

## Oriflame의 Scope: AI 기반 향수 컬렉션

스웨덴의 오리플레임(Oriflame)은 AI를 조향사의 대체가 아니라 감정 번역기로 활용한 유니섹스 향수 컬렉션

〈스코프(Scope)〉를 선보였다(Marie Claire, 2025). 이 프로젝트의 목표는 AI가 사람들의 정서 언어를 해석해, 향이라는 비언어적 매체로 재구성할 수 있는가를 실험하는 데 있었다. 오리플레임은 향을 설명할 때 사람들이 사용하는 단어(기억, 설렘, 위안, 경외, 미지 등)와 정서적 반응을 AI가 분석하도록 설계하고, 그 결과를 바탕으로 세 가지 복합 감정 테마인, 추억(nostalgia), 경외(awe), 우주적 신비(cosmic mystery)를 향의 콘셉트로 구체화했다.

결과물은 각각 Time Loop, Earth Wonder, Across Space라는 세 가지 오 드 뚜왈렛으로 구현되었는데, 흥미로운 점은 AI가 단지 이름을 붙이는 수준이 아니라, 그 감정이 떠오르도록 만드는 향의 감각적 문법(톤, 대비, 전개)을 설계하는 데 아이디어를 제공했다는 점이다. Time Loop는 어린 시절의 회상과 편안함을 연상시키는 바닐라 · 배(pear) 계열의 달콤함을 중심으로 구성되고, Earth Wonder는 자연이 주는 생동감과 확장감을 표현하기 위해 시트러스 · 프루티 계열의 밝은 첫인상을 전면에 세웠다. Across Space는 미지의 공간이라는 감정에 맞춰 핑크 페퍼와 진저 같은 스파이스를 올리고, 우디 · 머스크 계열과 결합해 더 복합적이고 사유적인 잔

향을 구성했다. 실제 제품 설명에서도 미래적이고 금속적인 느낌의 Metanoid Accord 같은 요소를 언급하며, 우주적 신비라는 추상적 감정을 특정한 후각적 느낌으로 고정하려는 시도가 드러난다.

AI 활용의 중심이 새로운 향 조합의 탐색만이 아니라, 소비자가 향을 이해하고 선택할 때 사용하는 감정 · 언어 데이터의 구조화로 이동하고 있는 사례다. 향수의 본질이 주관적 경험에 있고, 그 주관성을 공유하기 위해 사람들은 늘 비유와 감정 언어를 동원해 왔다. 오리플레임의 〈스코프〉는 언어(감정)를 향(후각 경험)으로 번역하는 문제에 AI를 배치함으로써, 감성 산업에서 AI의 역할이 효율화뿐 아니라 정서적 설계로도 확장될 수 있음을 보여 주었다.

## 향수 창작의 동반자 AI

이처럼 AI는 향수 산업의 여러 단계에서 단순한 도구를 넘어 창작의 동반자로 작용하고 있다. 파코라반이 보여 준 과학적 스토리텔링, 지방시와 디올의 신경과학 기반 웰니스 조향, 프라다와 바이올로지의 창의적 실험은 각기 다른 방식으로 "AI + 감성"의 가능성을 입증했다.

AI는 인간의 감각을 대체하지 않는다. 대신 방대한 데이터 속에서 인간이 미처 보지 못한 감각의 조합을 발견하도록 돕는다. 이제 향수의 창작은 과학과 예술, 데이터와 감성의 경계에서 새로운 시대를 맞이하고 있다.

흥미로운 점은 AI를 활용한 조향이 전통 향료 회사나 명품 브랜드뿐 아니라 인디 브랜드에서도 시도되고 있다는 것이다. 미국의 센트버드(Scentbird)는 수백만 구독자의 취향 데이터에 기반해 자체 향수 라인 〈컨페션스 오브 어 레벨(Confessions of a Rebel)〉을 AI와 함께 개발했다. 성별에 구애받지 않고 모두가 즐길 수 있는 향을 목표로 한 이 데이터 기반 창작은, 방대한 사용자 피드백에서 얻은 인사이트를 조향에 적용한 사례다. 스타트업 역시 AI 기술을 활용해 소비자 취향에 맞춘 혁신적 향수를 선보이면서 향수 시장의 새로운 지평을 열고 있음을 보여 준다.

## 참고문헌


Beauty Independent(2024.5.4). Biology Functional Fragrances Is Redefining Natural Fragrances With Bold Modern Branding. https://www.beautyindependent.com/biology-functional-fragrances-redefine-natural-fragrances-bold-modern-branding/

Beauty Scene(2024.7.5). Prada's Paradoxe Virtual Flower: A New

Era of AI-Augmented Perfumery.
https://www.beautyscene.net/brands/prada/prada-paradoxe-virtual-flower/

BeautyMatter(2021). Robot Love: Paco Rabanne's "Phantom" Looks to the Future of Fragrance, with a Nod to the Past. https://beautymatter.com/articles/robot-love-paco-rabannes-phantom-looks-to-the-future-of-fragrance-with-a-nod-to-the-past

Marie Claire(2025.7.29). What Does a Fragrance Created By AI Smell Like?.
https://www.marieclaire.co.uk/fashion/shopping/fragrance-created-by-ai-oriflame-scope

NST Perfume(2023.10.2). A Rose Extract Dubbed "Anti-Morose".
https://nstperfume.com/2023/10/02/a-rose-extract-dubbed-anti-morose/

Perfumer & Flavorist(2024.11.14). Coty Celebrates 120th Anniversary, Launches Infiniment Coty Paris.
https://www.perfumerflavorist.com/fragrance/fine-fragrance/news/22926394/coty-inc-coty-celebrates-120th-anniversary-launches-infiniment-coty-paris

The Guardian(2023.10.1). How AI and brain science are helping perfumiers create fragrances.
https://www.theguardian.com/technology/2023/oct/01/how-ai-and-brain-science-are-helping-perfumiers-create-fragrances

04

# AI 기반 조향 지원 플랫폼

AI가 조향실에 들어오면 무엇이 달라질까. 첫째, 탐색 속도와 폭이 전혀 다른 차원으로 넓어진다. 둘째, 조향사는 반복 계산에서 빗어나 감각 · 맥락 · 브랜딩을 맡고, AI는 방대한 조합 탐색과 예측을 담당한다. 이 장은 그 변화를 향료 회사 주도형과 스타트업 주도형으로 나누어 살핀다.

청각장애인과 AI?

## 향료 회사의 조향 AI: 심층 데이터와 내재화

### Takasago: AI-T-Aroma

아시아 최대 향료 회사 중 하나인 타카사고(Takasago.com)는 데이터 사이언스와 딥러닝을 묶어 AI-T-Aroma를 운용한다. 수천 종 원료, 화학 · 생물 · 물리 지식, 아시아 소비자 빅데이터를 통합해 24시간 가상 조향 실험을 돌린다. 결과적으로 R&D 리드타임을 수개월에서 수주로 줄이고, 조향사는 반복 계산에서 해방되어 창의적 실험에 집중한다. 특정 제품의 즉각 매출보다 회사의 디지털 전환 인프라로 자리 잡았다는 점이 포인트다. 로컬 데이터 기반 지역 최적화, 인간 · AI 협업으로 창의와 계산의 동시 확보, 장기 축적 DB와 과학 역량의 신뢰성이 강점이다.

### Givaudan: Carto, Createogether, & Myrissi

지보단의 카르토(Carto)는 자체 개발한 시스템으로, 대형 터치스크린과 "Odour Value Map"을 활용해 조향사가 향료를 시각적으로 조합할 수 있도록 설계되었다(Givaudan, 2019). 2000개 이상의 원료 데이터와 물리화학적 특성을 분석해 조향사가 원하는 방향성에 맞는 향료 조합 초안을 제안하며, 이를 통해 반복적이고 계산적인 작업을 줄이고 창의적 실험에 집중할 수 있도록 지원하였다.

크리에투게더(Creatogether)는 알리바바 TMIC (Tmall Innovation Center)의 소비자 행동 데이터와 카르토(Carto)를 결합해, 중국 인디 중소 브랜드가 콘셉트, 조합, 즉석 샘플, 테스트, 출시 전략을 빠르게(최소 4주) 수행하도록 만들었다. 글로벌 조향 기술과 현지 데이터의 결합으로 적합성과 속도를 동시에 잡은 B2B 모델이다(Givaudan, 2022).

한편 지보단이 인수한 미리시(Myrissi)는 향, 색, 감정의 매핑을 통해 브랜드의 색채 · 감정 콘셉트에 맞는 향 조합을 역으로 제안해 콘셉트, 향, 패키지, 광고 메시지의 일관성을 높인다(Givaudan, 2021). 웰니스 컬렉션에 적용해 다양한 감각을 경험하도록 한 것도 특징이다.

### DSM-Firmenich: EmotiON & Scentmate

스위스의 디에스엠-피르미니시는 EmotiON으로 인터뷰 자료, 수만 개의 향료 샘플, 글로벌 신경과학 데이터를 통합해 향, 감정, 행동의 과학적 규칙(EmotiCODE™)을 도출했다(DSM-Firmenich, 2025). 집중 · 휴식 · 행복 등 기능성 향 개발이 가능해지고, 다국가 인사이트를 통해 글로벌 고객사에 검증된 웰니스 스토리를 제공한다. 센트메이트(Scentmate)는 방대한 포뮬러 · 소비자 데이터를 바탕으로 브랜드 담당자가 입력한 니즈에 맞게 최적 향을 제안하고, 로봇이 샘플을 조합해 48시간 내 배송, 소량 생산까지 잇는 원스톱 B2B 플랫폼이다. 중소기업 · 스타트업을 겨냥해 향 개발의 대중화와 속도 혁신을 구현했다.

### Symrise & IBM: Philyra

심라이즈와 IBM이 함께 만든 필리라(Philyra)는 170만 개의 포뮬러와 소비자 데이터를 학습해 독창적으로 향의 조합을 제안하는 시스템이다. 실제로 브라질 오 보티카리오(O Boticario)와 AI 향수 〈Egeo On Me/You〉를 출시했지만(Symrise, 2018.10.24), 대중의 인식은 AI가 예술을 대체한다는 데 거부감이 컸고, 문화적 맥락의 섬세함을 온전히 반영하지 못해 상업적 성과는 제한적이었다. 이후 심라이즈는 철학을 바꾸어 조향사 보조 도구로 자리매김했다. 이 전환은 AI는 대체가 아니라 증폭이라는 업계 합의로 이어졌다.

### IFF: Science of Wellness

IFF는 4500 건 규모의 뇌파 · 소비자 반응을 AI로 분석하는 사이언스오브웰니스(Science of Wellness) 프로그램으로 향조와 감정의 상관관계를 체계화했다(PR Newswire, 2021.5.20). 파트너 브랜드들은 과학적으로 검증된 스토리를 바탕으로 집중, 휴식, 안정 등 웰니스 효능을 설계하고, 이를 커뮤니케이션에 일관되게 적용한다. 지방시의 〈Very Irresistible〉과 파코라반의 〈Phantom〉도 데이터를 창의성으로 연결하는 이 도구의 혜택을 받았다. 핵심은 장기 축적 데이터, 신경과학 역량, 파트너십의 삼합이다.

## 스타트업의 조향 AI: 민첩성과 대중화

### Osmo: Generation

구글 브레인 출신이 세운 미국의 오스모(Osmo.AI)는 2025년 〈Generation〉을 발표해 텍스트 · 이미지 · 트렌드로부터 향 조합을 자동 생성하는 올팩토리 인텔리전스(Olfactory Intelligence)를 전면에 내세웠다. 자체 설계 분자인 〈Glossine〉, 〈Fractaline〉, 〈Quasarine〉까지 공개하며 지속 가능 원료 혁신과 저용량 주문을 묶은, 중소 브랜드 친화 플랫폼을 표방한다. 초기에는 뮤지엄 협업 등 수요 신호가 포착되었으나 대형 매출은 아직 검증 단계다. 대규모 투자 · 다학제 인재 · 생성 AI의 장점을 묶었다.

오스모의 포인트는 조향을 돕는 소프트웨어가 아니라 AI를 중심에 둔 새로운 향료 하우스(fragrance house)를 자임했다는 데 있다. 2025년 3월 오스모는 〈Generation〉을 세계 최초의 AI 기반 프래그런스 하우스로 소개하며, 향을 텍스트 · 이미지 · 트렌드 같은 입력에서 출발해 조합 후보를 만들고, 짧은 시간 안에 샘플을 제안하는 흐름을 전면에 내세웠다.

이는 향료 산업의 전통적 구조인, 브랜드가 브리프(Brief: 브랜드의 향수 개발 콘셉트, 향의 방향성, 타깃 소비자, 기술적 요구 사항을 담은  핵심 설계도)를 주고, 향료 회사가 조향 · 개발 · 검증을 거쳐 납품하는 구조에 대해, AI가 개발 속도를 끌어올려 개발 리드타임 자체를 경쟁력으로 만드는 시도로 해석할 수 있다. 동시에 이 모델은 좋은 향을 만드는 역량뿐 아니라, 어떤 데이터(텍스트, 이미지, 판매 · 검색 신호)를 어떤 방식으로 향의 언어로 번역하는지가 핵심이 되므로, 향수 산업의 경쟁축이 향료의 예술성만이 아니라 데이터 번역 능력으로

도 이동하고 있음을 보여 준다.

### Scentalytics: AI Perfume Creator 2.0

크로아티아의 센털리틱스의 AI Perfume Creator 2.0은 계절·성별·선호 향조를 입력하면, 기계 학습과 LLM을 결합해, 확률적 레시피와 감정·선호 예측을 제안한다(Scentalytics, 2024.10.9). B2B로 조향사나 브랜드뿐 아니라 B2C로는 취미 사용자까지 겨냥해 무료-유료(SaaS) 모델을 구성했다. 아직 유료 매출은 검증 단계지만 발상·레시피·시뮬레이션을 한 화면에서 잇는 창작 워크벤치로서 교육기관과 현업의 관심을 모았다. 발상에서 처방까지의 원스톱 지원, 데이터 기반의 설명이 가능한 점, 전문 사용자용 세부 파라미터 사용이 가능한 점 등이 강점으로 꼽힌다. 반면, 오감 평가의 부재(최종 냄새 검증은 사람의 몫), AI가 창의성을 제약한다는 고정관념, 신생 기업의 신뢰 축적이 숙제로 남는다. 인간 + AI 협업을 교육과 현업에 이식하는 경로를 선명하게 보여 준 사례다.

## 속도, 대중화, 검증

조향 AI 플랫폼은 가상 실험과 자동 샘플링으로 개발 기간을 압축하고(속도), 인디, 중소기업, 크리에이터가 향 개발에 직접 참여하게 만들며(대중화), 신경과학 · 행동 데이터로 효능 스토리와 브랜딩 언어를 제공한다(검증). 성공한 사례들은 AI를 내재화하되 기술 과시에 치우치지 않았고, 사람의 감각과 스토리텔링을 전면에 세웠다.

AI 기반 조향 플랫폼의 경쟁력은 사람의 감각을 증폭하는 AI를 어떻게 설계 · 운영하느냐에 달려 있다. 스타트업은 민첩성으로 진입 장벽을 낮추고, 향료 회사는 심층 데이터와 신뢰로 스케일을 만든다. 두 흐름이 만나면서 향 개발은 더 빠르고, 더 많은 주체가 참여하며, 더 잘 설명되는 산업으로 진화하고 있다.

### 참고문헌

DSM-Firmenich(2025.1). EmotiON™ Program Overview and EmotiCODE™ Patent Filing. DSM-Firmenich Press Office. https://www.dsm-firmenich.com/content/dam/dsm-firmenich/investors/documents/historical-information/annual-reports/dsm-bv-annual-report-2024.pdf

Givaudan(2019.3.25). Carto: Artificial Intelligence-Powered Tool for Perfumers. Perfumer & Flavorist. https://www.perfumerflavorist.com/fragrance/news/21883088/scent-creations-at-your-fingertips-with-givaudans-ai-tool-carto

Givaudan(2021.2.9). Acquisition of AI Sensory Translator

Specialist Myrissi. Corporate Media Release. https://www.givaudan.com/media/media-releases/2021/givaudan-acquire-myrissi

Givaudan(2022.10.18). Creatogether: AI Co-Creation with Tmall Innovation Center(TMIC). Corporate Media Release. https://www.givaudan.com/media/media-releases/2022/givaudan-collaborates-with-tmic

PR Newswire(2021.5.20). IFF Scent Division Launches Science of Wellness Program. https://www.prnewswire.com/news-releases/iff-scent-division-launches-science-of-wellness-program-301295260.html

Scentalytics(2024.10.9). AI Perfume Creator 2.0: Your Companion for Fragrance Design. https://scentalytics.com/blog/ai-perfume-creator-your-companion-for-fragrance-design

Wilson, J.(2024.7.22). Prada's Paradoxe Virtual Flower and the Future of Luxury AI. https://www.wallpaper.com/fashion-beauty/fragrance/perfume-and-ai

## 05
# 맞춤형 AI 향수 제작과 판매

AI 기술이 조향 과정을 지원하는 수준을 넘어, 이제는 소비자 개개인의 감정 · 취향 · 데이터를 분석해 나만의 향수를 즉석에서 만들어 주는 시대가 되었다. 대표 사례 여섯 가지를 통해, 기술이 개인화 경험과 상업적 모델을 어떻게 결합하고 있는지를 살펴본다.

AI 콘텐츠 크리에이터?

## Bathbot: 생체 데이터 기반 정서적 맞춤 향

한국의 아모레퍼시픽은 2021년, 뇌파를 기반으로 향을 추천하는 실시간 입욕제 제조 서비스 배스봇(Bathbot)을 선보였다(Amorepacific, 2021.5.3). 사용자가 EEG(뇌전도, Electroencephalography) 헤드셋을 착용하면 뇌파·심박 등 생체 신호를 AI가 분석하여 현재 정서 상태, 스트레스, 평온, 행복도에 맞는 향과 색상을 추천하고, 로봇이 즉석에서 맞춤 배스밤을 만들어 준다. 배스봇은 아모레 성수 플래그십 매장에서 첫선을 보였고, CES 2022 혁신상을 수상하며 기술적 화제를 모았다. 뇌파, 향, 색을 결합한 실시간 개인화 개념으로, 향 제품이 단순 향기를 넘어 정신적 웰니스 솔루션으로 확장될 수 있음을 보여 준 시범 사례로 평가된다. 배스봇은 향 산업이 감정 데이터를 창작의 재료로 삼는 새로운 장을 열었다.

## Elixir: 당신의 성격을 향기로

우크라이나의 엘릭서(Elixirperfumery.com)는 자체 기계 학습 엔진을 이용해 소비자의 성격·라이프스타일·선호 향을 분석하고, 유사 취향군의 데이터를 참조해 상위 3~5개의 향 조합을 제안한다. AI는 향수 이름과 스토리까지 생성형 모델로 자동 생성해 개인적 애착을 강화한다. 고객은 배송받은 시향 샘플 3종을 체험한 후 마음에 드는 조합을 선택하면, 100ml 맞춤 향수가 제작된다. AI가 내 성격을 향으로 번역한다는 콘셉트로 입소문을 타며 재구매율 60%를 달성했다.

개인화 니즈를 정확히 겨냥한 데이터 기반 추천, 온라인 기반의 간편한 UX(사용자 경험), 지속적 학습으로 향 조합의 정밀도를 향상한 것이 성공 요인이다. 엘릭서는 인간 조향사와의 하이브리드 제작을 병행하며 감성과 기술의 균형을 추구하고 있다.

## 라이온의 By me: 생활 속 개인 향기

2022년, 일본 생활용품 대기업 라이온(LION)은 개인 맞춤형 패브릭 향수 브랜드 바이미(by me)를 출시했다. 소비자가 온라인 설문으로 선호 향과 분위기를 입력하면, 바이미가 수백 가지 조합 중 최적의 향 레시피를 제안하고, 로봇이 무향 베이스 섬유유연제에 향료를 자동 혼합해 맞춤 제품을 완성한다. 바이미는 전통적 생활용품 영역에 D2C(Direct to Consumer) 개인맞춤 모델을 적용한 혁신 사례로 평가된다. 고객은 공식 온라인 스토어에서 주문하고 커뮤니티를 통해 자신의 향을 공유한다. 나만의 향을 입는 옷처럼 즐긴다는 콘셉트, 브랜드 신뢰,

간편한 AI 진단, 생활 속 맞춤성이라는 요인이 젊은 층의 공감을 얻었다.

## Sentiment Drop: 감정 기반 개인화

싱가포르의 메종(Maison) 21G는 감정 · 성격 · 라이프스타일 데이터를 바탕으로 향을 추천하는 서비스를 선보였다(Maison 21G, 2025.3.26). AI는 사용자의 응답을 분석해 23가지 향료 조합 중 맞춤형 혼합을 제안하며, 온라인 퀴즈와 오프라인 매장을 연결한 O2O(Online to Offline) 모델을 구축했다. 고객은 매장에서 즉석 혼합된 향수를 구매하거나, 온라인에서도 동일한 과정을 체험할 수 있다. 주 고객층은 맞춤 향을 찾는 MZ 세대와 호텔 · 명품 · 부동산 등 향 브랜딩이 필요한 기업 고객이다. 메종 21G는 한국 · 프랑스 · 태국 등으로 확장하며 맞춤 프리미엄 향수의 대표 브랜드가 되었다.

감정 · 문화 · 환경을 반영한 정교한 개인화, 내 감정에 맞는 향이라는 스토리텔링, 온라인 · 오프라인 데이터를 통합한 O2O 마케팅 전략이 성공의 배경이다. AI는 이 브랜드에서 단순한 기술이 아니라, 감정을 상품화하는 예술적 매개체로 작동한다.

## Emotiontech: 사진을 향기로 바꾸는 감성

스웨덴의 스타트업 노오디너리센트(No Ordinary Scent, NOS)는 2020년, 사진을 분석해 향을 추천하는 서비스 이모션텍(Emotiontech)을 출시했다(Business Insider, 2024.3.27). 사용자가 업로드한 최대 세 장의 사진에서 계절 · 색채 · 활동 등 시각적 특징을 추출하고, 그 이미지에 어울리는 향료를 AI가 제안한다. 웹을 통한 개인 주문 외에도 브랜드 · 기관과의 B2B 프로젝트를 병행했다.

이모션텍은 게임 스튜디오의 몰입형 향기 환경과 스톡홀름 할빌(Hallwyl) 박물관의 "향기로 걷는 투어" 같은 공간형 프로젝트로 확장됐다. 게임 스튜디오는 플레이어가 집중하고 시간 감각을 잊는 상태를 유도하기 위해 시트러스와 솔라 노트를 중심으로 설계되었고, 박물관은 19세기 유럽 생활공간의 분위기를 재현하기 위해 다이닝룸에는 플로럴과 시트러스, 귀족 가문의 무기 보관실에는 우디 · 카다멈 노트를 배치했다. 추억을 향으로 간직한다는 감성적 메시지와 자발적 노출 중심의 홍보 전략으로 북유럽 시장에 인지도를 확보했으며, 3년 이상 안정적으로 서비스를 이어가며 니치 브랜드의 지속 모델을 보여 주었다. 대규모 자본이 아닌 예술적 감성의 도구로 AI를 활용했다는 점에서 의미가 크다.

## EveryHuman: 참여형 초개인화의 진화

네덜란드의 센트로닉스(ScenTronix.com)는 글로벌 향료 회사 IFF와 협업해 AI 기반 맞춤 향수 제작 서비스 에브리휴먼(EveryHuman)을 내놓았다. 오프라인 키오스크 알고리드믹 퍼퓨머리(Algorithmic Perfumery)에서 고객은 설문과 이미지 선택을 통해 취향을 입력하고, AI가 즉석에서 향을 조합한다. 샘플은 몇 분 만에 완성되고, 사용자는 시향 후 피드백을 입력해 향을 개선할 수 있다. 이 상호작용 구조는 개인 맞춤과 참여형 창작을 결합한 새로운 조향 경험을 준다. 5ml 3종 세트 45유로, 30ml 65유로의 합리적 가격과 팝업스토어 확산으로 접근성을 높였고, 유럽 · 미국 · 중동 등 8개국 이상으로 진출했다.

수억 가지 조합이 가능한 AI 데이터베이스로 품질 · 차별성을 확보한 점, 체험 중심의 엔터테인먼트형 조향, MZ 세대의 참여 욕구와 커스터마이징 트렌드를 정확히 포착한 전략이 성공 요인으로 꼽힌다. 센트로닉스는 AI를 통해 향수 제작을 대중의 손으로 옮겨 놓았고, 향 산업의 대중화라는 흐름을 대표하게 되었다.

## 키 포인트: 감정 데이터가 곧 향료 데이터

앞서 설명한 여섯 사례의 공통점은 기술보다 감정과 개인 경험이 중심에 있다는 점이다. AI는 단순히 향을 계산하는 도구가 아니라, 소비자의 마음 · 기억 · 정서를 읽어내는 감각적 인터페이스로 발전하고 있다. 배스봇은 뇌파를 통해 인간의 정서를 향으로 번역한 개념 실험이었다. 엘릭서와 바이미는 온라인 기반의 맞춤 추천으로 접근성을 높였다. 메종 21G와 노오디너리센트는 감정과 예술의 언어를 향으로 바꾸었고, 센트로닉스는 그 과정을 참여형 경험으로 확장했다. 이 서비스들은 모두 AI가 향을 만드는 것이 아니라, AI가 사람의 감정을 향으로 표현한다는 방향에서 성공했다. 기술적 정밀성 못지않게 중요한 것은 스토리텔링과 감성적 공감이다.

핵심은 세 가지다. 첫째, 감정 · 이미지 · 성격 데이터를 향의 언어로 번역, 둘째, 즉석 제작 · 피드백 루프를 통해 경험을 실시간화하여 만족을 극대화, 셋째, 유통의 개인화, D2C · O2O 구조로 고객 관계를 지속화. 이제 향수 산업의 경쟁력은 향의 우열보다, 누가 더 나의 감정을 이해하는가에 달려 있다. AI는 그 이해를 가능하게 하는 새로운 후각의 파트너다.

## 참고문헌

Amorepacific(2021.5.3). Amorepacific Launches Customized Bath Bomb Service 'bathbot'
https://stories.amorepacific.com/en/amorepacific-launches-customized-bath-bomb-service-bathbot/

Business Insider(2024.3.27). How AI is unlocking the power of smell.
https://www.businessinsider.com/how-fragrance-companies-are-experimenting-with-ai-2024-3

Maison 21G(2025.3.26). 21 Grams Of Genius: Johanna Monange On Redefining Luxury's Essence
https://www.maison21g.com/articles/21-grams-of-genius-johanna-monange-on-redefining-luxurys-essence

## 06
## 맞춤형 향수 추천 AI 서비스

수천 종의 향 중에서 나에게 맞는 향수를 선택하는 것은 데이터와 언어, 뇌과학으로 푼다. 소비자의 언어 · 행동 · 바이오 신호를 기계가 읽을 수 있는 특성치로 변환하고, 대규모 향료 · 리뷰 · 판매 데이터를 통해 취향 인접성을 탐지하며, 매장 · 구독 · 샘플 키트와 연결해 구매 전환까지 이끈다.

AI와 민주주의?

## Dossier AInee: AI 퍼퓨머의 경량 도입

미국 뉴욕의 도시에(Dossier)는 2024년 AI 기반 추천 시스템 에이아이니(AInee)를 도입했다(Dossier, 2024.9.26). 프랑스 그라스 출신 조향사의 전문 지식으로 학습한 알고리듬이, 고객의 취향 키워드와 기존 선호향을 자연어 처리와 협업 필터링 기술로 해석해 제품을 제안한다. 런칭 후 수만 번의 추천을 진행했고, A/B 테스트에서 전환율 상승이 확인됐다. 뉴욕 플래그십 스토어에서는 프랑스 고디에(Gaudier)가 개발한 페이퍼센트(Paperscent)와 결합해 체험을 확장했다. 페이퍼센트는 사용자가 손잡이를 당기거나, 버튼을 누르거나, 화면을 터치하면 그 입력에 맞춰 방금 분사한 시향지를 즉시 배출하는 장치다. 매장 내 향의 혼재를 줄이고(위생성), 테스트 병 사용량을 크게 절감하며(친환경), 고객 행동 · 선호 데이터를 수집해 추천 · 재고 · MD 의사 결정을 지원한다. 저비용으로 구축 가능한 AI라는 점, AI 퍼퓨머라는 명료한 브랜딩, 매출 전환으로 직결된 실용성이 장점이다.

## Noteworthy: 샘플 키트+정체성 소비

미국의 노트워디(noteworthyscents.com)는 설문형 퀴즈로 개인 향취 프로필을 만들고, 여기에 맞춘 시향 체험 키트를 제안한 뒤 정품 구매로 이어지게 설계했다(Business Wire, 2023a.3.30). 수만 건의 설문·후기 학습을 바탕으로, 샘플 체험 후 입력되는 소비자 피드백을 재학습해 정밀도를 높인다. 1년에 걸친 파일럿 데이터로 알고리듬을 학습한 결과 향 추천 적중률이 89%에 달할 만큼 정밀한 개인화가 이루어졌다. 이처럼 간편한 설문 응답만으로 취향을 찾아주고 실제 체험까지 지원하는 노트워디의 접근법은, AI 추천에 고객 경험 요소를 결합함으로써 맞춤형 향수 추천의 신뢰도를 높인 사례다. 디지털 설문, AI 추천, 실물 샘플의 융합으로 나만의 향을 찾으려는 정체성 소비를 충족한 점이 성공 포인트다.

## Odofind: 매장용 AI 컨시어지

캐나다의 오도파인드(Odofind.com)는 추천 챗봇으로, 고객 대화에서 '바닐라', '상쾌한' 같은 키워드를 추출해 향수 DB·지식 그래프와 연결한다. 매장 재고와 연동해 추천 제품 위치까지 안내하고, 피드백을 강화 학습으로 반영한다. 드럭스토어·백화점 팝업의 파일럿에서 참여도·만족도가 높게 나왔다. 매장 내 선택 피로를 해소한 점, 추천, 판매 데이터를 통해 인사이트를 얻으며, 옴니채널로 확장하고 있다.

## Scentbird: 구독자가 만드는 추천의 힘

미국 뉴욕의 센트버드(Scentbird.com)는 2014년 시작한 구독형 플랫폼으로, 협업 필터링 · 딥러닝 기반 추천 알고리듬이 설문 · 별점 등 수백만 건의 피드백을 학습한다. 매달 개인 프로필에 맞춘 향을 정기 배송하며, 2025년 기준 구독자 100만 명, 900종 브랜드 취급, 누적 수천만 건 배송을 기록했다. 합리적 가격으로 개인화된 추천을 제공하여 다양한 체험을 하게 하고, 대규모 피드백 루프의 계속적 정밀화, B2B 확장성 등이 성공 요인으로 여겨진다.

## Sniph: 구독+전문가 큐레이션 결합 추천

영국의 스니프(Sniph.co.uk)는 매달 8ml 용량의 시판 향수를 배송해 사용자가 새로운 향을 체험하게 하는 플랫폼이다. 사용자는 처음에 취향 · 상황 · 컬렉션을 선택하고, 이에 맞춘 향수를 매월 받아 본 뒤 평가 및 피드백을 남길 수 있다. 사용자의 반응과 선택 데이터를 기반으로 추천 방향을 조정하며, 개인 취향과 유사한 유형의 향을 지속적으로 제안한다. 향수계의 스포티파이(Spotify)라는 비유가 등장할 만큼, 테마 · 취향 · 상황별로 큐레이션해 제공한다.

## Kaorium: 언어로 향을 해석하다

일본 센트마틱(Scentmatic)의 카오리움(Kaorium)은 블로거 · 기자 · 소비자 리뷰 등의 데이터를 학습한 감성 자연어 처리 기술로, 사용자의 단어 · 이미지에서 감정, 향 연관성을 추출해 제품을 추천한다(Business Wire, 2025b.7.4). 도쿄 시범 운영 후 영국 셀프리지(Selfridges)로 상용화되었다. 매장 체험형 B2B2C 모델로, 향수 소믈리에라는 콘셉트가 호응을 얻었다. 언어 입력만으로 개인화해 진입 장벽을 낮추고, 디지털 감성 체험을 통해 브랜드 경험을 강화한 것, 대규모 향 표현 데이터에 기반한 비교적 일관된 추천 정확도가 성공 요인으로 여겨진다.

## ScentGenie: 향수 매칭 API

미국의 센트지니(ScentGenie.AI)는 감정 · 기분 · 시간대 같은 자연어 입력을 기존 향수 카탈로그와 매칭해 시판 향수를 제안하는 AI 추천 API(Application Programming Interface)다. 사용자는 브랜드 · 노트별로 검색하는 대신 "아침 상쾌한 기분", "저녁 데이트", "여름 바람" 같은 설명을 입력하면, 그 문장 의미를 해석해 최적의 향수를 찾아준다. 센트지니는 향수 판매 사이트나 리테일러의 내부 DB에 API로 통합될 수 있다.

## Scent-Sation: 뇌파 기반 추천

프랑스 YSL(입생로랑)은 2021년 두바이에서 센트세이션(Scent-Sation)을 시연했다(Harper's Bazaar UK, 2022. 3.31). 로레알 기술 인큐베이터와 호주의 Emotiv가 협력해, 고객이 EEG 헤드셋을 쓰고 시향하는 동안의 뇌파 · 심박 · 설문을 기계 학습 기술로 분석해 개인에게 최적의 3종을 추천한다. 이후 글로벌 플래그십으로 확대되며, 브랜드 혁신 이미지와 체험형 럭셔리를 동시에 강화했다. 데이터는 비공개지만, 대규모 전개와 언론 노출로 마케팅적 성공으로 평가된다. 선택의 어려움을 신경과학으로 해결하고, 기술과 럭셔리를 결합한 대기업의 실행력이 핵심이었다.

## Aromyx: 후각 수용체 자료로 취향을 설명

미국의 아로믹스(Aromyx.com)는 인간의 후각 수용체 반응을 세포 단위에서 측정해, 향에 대한 인간의 예상 반응을 디지털 데이터로 만들어낸다. 후각 · 미각 수용체를 구현한 세포 기반 바이오칩과 소프트웨어를 결합해, 특정 분자 조합이 인간에게 어떤 감각 반응을 유발하는지를 계량화했다. 이러한 감각 데이터를 기존 시판 향수의 분자 구성 정보와 연계하면, 향수 · 식음료 분야에서 소비자 취향에 맞는 제품을 추천하여 설명 가능성과 신뢰도를 높일 수 있다.

## 키 포인트: 언어, 행동, 뇌·생명과학 확장

앞서 설명한 아홉 사례는 추천의 입력 채널이 언어(텍스트 · 키워드)에서, 행동(설문 · 피드백), 뇌파(EEG) · 후각 수용체 등 생명과학으로 확장되고 있음을 보여 준다. 에이아이니와 카오리움, 센트지니는 일상의 단어를 향의 언어로 번역해 진입 장벽을 낮춘다. 노트워디, 센트버드, 스니프는 샘플과 구독간의 피드백 순환 고리로 정확도를 올린다. 센트세이션은 뇌파로, 아로믹스는 후각 수용체 반응으로 체험의 감정값을 정량화해 럭셔리에 과학적 스토리를 부여한다. 오도파인드는 매장 · 재고 · 채팅을 묶은 현장 의사 결정 도구로 작동한다.

기술은 무대 뒤에서 정밀해지고, 고객 앞에서는 간결한 언어와 즐거운 체험으로 나타나야 한다. 향수 추천의 본질은 결국 데이터가 나를 이해하는 경험이며, AI는 그 경험을 매장과 화면, 샘플 키트 위에 구현한다.

### 참고문헌

Business Wire(2023a.3.30). Noteworthy, The First-of-its-Kind

Personalized Fragrance Company, Launches.
https://www.businesswire.com/news/home/20230330005152/en/Noteworthy-The-First-of-its-Kind-Personalized-Fragrance-Company-Launches

Business Wire(2025b.7.4). SCENTMATIC's AI "KAORIUM" Debuts at THAMEEN Fragrance Launch in London's Selfridges
https://www.businesswire.com/news/home/20250703662207/en/SCENTMATICs-AI-KAORIUM-Debuts-at-THAMEEN-Fragrance-Launch-in-Londons-Selfridges

Dossier(2024.9.26). Meet AInée: Your Expert-Trained AI Perfume Concierge.
https://blog.dossier.co/dossier-news/meet-ainee-your-expert-trained-ai-perfume-concierge

Harper's Bazaar UK(2022.3.31). YSL's new fragrance headset will help you find your perfect scent.
https://www.harpersbazaar.com/uk/beauty/fragrance/a39537311/ysl-fragrance-headset

## 07
# AI 향수 디바이스

AI가 조향과 추천을 넘어 손안의 하드웨어로 들어오면 무엇이 달라질까. 핵심은 앱에서 누른 즉시 향이 조합 · 분사되는 실시간성, 시간 · 장소 · 기분 · 활동에 맞춰 향이 자동으로 바뀌는 환경 지능이다. 휴대용 향 디바이스부터 홈 디퓨저까지, AI와 사물인터넷(IoT) 융합이 시도된 다섯 사례를 통해 가능성과 과제를 함께 짚는다.

AI와 애니메이션?

## NINU: "하나로 100개 향"의 약속과 현실

슬로베니아 스타트업 니누(NINU-perfume.com)는 2021년 스마트 퍼퓸 디바이스를 공개하며 휴대용 AI 향수를 표방했다. 본체에는 3개 카트리지가 들어가고, 전용 앱의 AI 어시스턴트 피에르(Pierre)가 사용 상황 · 질문에 따라 비율과 농도를 제어해 다양한 향을 즉석 조합한다. "하나로 100개 향"이라는 메시지는 CES 무대와 크라우드펀딩에서 주목을 끌었으나 일반 소매 출시에는 이르지 못했다.

이유는 다양하게 설명 가능하다. 하드웨어 · 소프트웨어 · 향료가 서로 맞물리는 제품 복잡성, 소규모 자본으로는 감당하기 어려운 양산 · 품질 유지의 벽, 제품, 시장 적합성 검증 미흡, 개인 맞춤 향수 서비스 · 시향 체험 키트 등 대체재의 부상, 공급망 · 투자 환경 악화까지 겹쳤다. 콘셉트의 참신함만으로는 AI와 하드웨어 융합이라는 높은 난이도를 돌파하기 어려웠음을 보여 준다. 그럼에도 NINU는 모바일 조향 경험이 주는 흡인력과 이용자 기대치를 시장에 각인시켰다는 점에서 의미 있는 파일럿이었다.

## 삼성전자 C-Lab: Perfume Blender

삼성전자는 2019년 CES에서 사내 벤처 퍼퓸 블렌더(Perfume Blender)를 공개했다(Samsung Electronics, 2018.12.26). 8개 카트리지를 내장한 기기는 스마트폰 앱과 연동되어, 사용자가 선호 향수 사진을 올리면 AI가 해당 향수들의 공통 향료를 분석해 새로운 레시피를 제안한다. 이후 기기가 즉석 조향을 수행하고, 사용자는 비율을 미세 조정하거나 결과물을 공유한다.

퍼퓸 블렌더는 AI와 사물인터넷(IoT)을 결합한 개인 조향 가능성을 선명하게 보여 준 사례다. 레시피 공유는 향을 소셜 경험으로 확장했고, 앱, 기기, 향료의 디지털 연결은 홈 조향 시장의 잠재력을 드러냈다. 대기업의 실험이 어떤 미래를 열어 보일 수 있는가를 증명한 전시작이자, 이후 맞춤형 서비스 붐을 견인한 시그널이었다.

## Scentee Machina: 집 안의 AI 향기 집사

일본 센티(Scentee-machina.com)는 2018년 AI 탑재 스마트 아로마 디퓨저 마키나(Machina)를 출시했다. AI와 IoT를 결합해 사용 패턴을 학습하고, 아침에는 상쾌한 시트러스 향기, 밤에는 라벤더 향기처럼 상황 적응형 자동 분사를 구현한다. 사용자는 스마트폰, PC로 수동 제어도 가능하고, 최대 4개 카트리지로 다양한 조합을 즐긴다.

크라우드펀딩을 통해 관심을 모은 마키나는 AI가 집안 향을 관리하는 초개인화 디퓨저라는 인식을 만들었다. 생활 패턴에 맞춘 자동화로 인한 편의성, 스마트폰과의 연동, 멀티 카트리지에 기반한 경험 다양성은 장점이었지만, 한정된 카트리지 라인업, 상대적으로 높은 가격, 사용법 학습 필요성 등은 보급 확산에 제약이 되었다. 그럼에도 이 제품은 후속 스마트 디퓨저 개발의 레퍼런스로 자리매김하며 가정용 향수의 디지털 전환을 촉발했다.

## Omara: 향기 장치에서 후각 인터페이스로

미국 OVR 테크놀로지는 2023년 웨어러블 향 디바이스 아이온(ION)3를 공개하며, VR · AR 환경과 결합된 향 출력 기술을 선보였다. 이 기기는 사용자의 머리나 목 주변에 착용해, 가상공간의 장면 변화에 따라 미세한 향을 실시간 분사한다. OVR 테크놀로지는 초기의 착용형 향 디바이스(ION 시리즈)를 넘어, 오마라(Omara)라는 새로운 방향으로 진화했다(GamesPress, 2025.8.20). 오마라는 게임 · VR · 인터랙티브 콘텐트 속 사건과 장면에 반응해 향을 출력하는 후각 인터페이스를 지향했다. 유니티(Unity) · 언리얼(Unreal) 게임 엔진과 연동되는 개발자 도구를 통해 특정 이벤트, 이동, 감정 변화에 맞춰 향을 실시간으로 트리거할 수 있도록 설계됐고, AI는 콘텐트 메타데이터와 사용자 반응을 학습해 향의 강도와 지속 시간을 조절했다. 향을 스토리텔링과 몰입을 완성하는 감각 레이어로 재정의했다는 점에서 의미가 컸다.

오마라는 소비자용 향수 디바이스의 범주를 벗어나 엔터테인먼트 · 교육 · 치료 · 훈련 시장을 겨냥했으며, 향 하드웨어의 성공 조건이 판매량이 아니라 콘텐트 생태계에 얼마나 깊이 통합되는가에 달려 있음을 보여 준 사례였다. 대중화를 위해서는 경제성 확보와 콘텐트 생태계 구축, 콘텐트 표준화 등이 필요한 상황이다. 그럼에도 향 디바이스가 디지털 경험의 일부가 될 수 있음을 분명히 했다.

## Moodo: 구독·플랫폼을 향한 현실적 접근

이스라엘의 무도(Moodo)는 휴대형 스마트 디퓨저 Moodo를 선보이고 있다. 기존 가정용 제품의 AI 추천 시스템을 소형화해, 앱에서 기분 · 날씨 · 활동을 입력하면 즉시 조합 향을 분사했다. 무도의 강점은 하드웨어보다 소프트웨어와 구독 모델에 있었다. AI는 사용자 선택과 실제 사용 빈도를 학습해 추천 정확도를 높였고, 카트리지는 정기 배송 방식으로 공급됐다. 이는 실시간성보다는 반복 사용과 유지 가능성에 초점을 둔 전략이었다. 완전히 새로운 기술은 아니었지만, 향 디바이스가 생활 속에서 지속되기 위해 필요한 경제성과 운영 모델을 비교적 현실적으로 제시하고 있다.

## 키 포인트: 실시간성과 가치

다섯 가지 사례가 던진 메시지는 명료하다. 향의 실시간성이 소비자 경험을 바꾸지만, 가치(편리성 · 경제성 · 지속성)를 충족하지 못하면 상업적 성공은 요원하다는 것이다. 이를 정리하면 다음과 같다.

**실시간성**: 앱, 기기, 향료가 실시간으로 연결될 때 몰입감이 생긴다. 퍼퓸 블렌더의 즉석 조향, 니누의 모바일 조합, 마키나의 자동 분사는 모두 향과 상호작용한다는 신선함을 줬다.

**편리성**: 초기 흥미를 넘어 장기 사용으로 가려면 세팅 · 리필 · 유지의 불편함을 줄여야 한다. 카트리지 규격화 · 구독형 리필 · 원클릭과 같은 편이성이 필요하다.

**경제성**: 휴대용·가정용 하드웨어는 향료·소모품과 결합된 총소유비용 설계가 필수다. 다양한 향을 재현하고, 동시에 가격·품질·유통과 합리적으로 묶여야 한다.

**지속성**: 레시피 공유·시향 커뮤니티·상황 맞춤 플레이리스트 등 플랫폼화가 재방문을 만든다. 향료, 레시피, 상황 데이터의 네트워크 효과가 쌓일수록 추천과 분사의 정확도도 높아진다.

실시간성이라는 새로운 가치가 제공되더라도, 편리성, 경제성, 지속성 기준을 통과해야 한다. 기술은 이미 가능하다. 핵심은 생활의 반복 속에서 사랑받는 기계를 만드는 일이다. 향이 스쳐 지나가는 냄새가 아니라 일상의 리듬이 되도록.

오마라, 무도 등 새롭게 등장하고 있는 사례들은 AI 향수 디바이스가 메타버스 인터페이스, 구독형 플랫폼이라는 서로 다른 경로로 분화되고 있음을 보여 준다. 공통점은 기술의 참신함보다 생활 속 반복 사용을 어떻게 설계했는가가 성패를 가른다는 것이다. 향이 일상의 루틴 안에 얼마나 자연스럽게 들어오는가가 중요하다.

## 참고문헌

GamesPress(2025.8.20). OVR Technology Unlocks a New Era for Immersive Storytelling at Gamescom with the Reveal of the Omara Scent Display, a Breakthrough Scent Device for Gamers. https://www.gamespress.com/OVR-Technology-Unlocks-a-New-Era-for-Immersive-Storytelling-at-Gamesco

Samsung Electronics(2018.12.26). 삼성전자, CES 2019에서 인공지능 활용한 C랩 과제 대거 선보여 https://news.samsung.com/kr/삼성전자-ces-2019에서-인공지능-활용한-c랩-과제-대거-선보

## 08
# AI 기반 향수 지원 인프라

AI 기술이 향을 직접 만들거나 추천하는 단계를 넘어, 이제는 향의 창작 · 평가 · 소통 전 과정을 지원하는 연구 · 실험 · 커뮤니케이션 인프라로 확장되고 있다. 향 산업의 연구개발 · 테스트 · 피드백 프로세스에 적용된 기술을 중심으로 AI가 향수 산업의 보이지 않는 조력자로 어떻게 작동하고 있는지 살펴본다.

AI와 인재 채용?

## OGDiffusion: 향을 창조하는 AI 모델 연구

일본 Science Tokyo의 나카모토 교수 연구팀은 확산 모델 기반 AI 향 설계 시스템 OG디퓨전(Odor Generative Diffusion)을 발표했다(Aleixandre et al., 2025). 특정 기업과의 협업 없이 진행된 순수 학술 연구로, AI가 자율적으로 향을 생성할 수 있음을 과학적으로 입증했다. 이 모델은 천연 에센셜 오일의 질량 스펙트럼(Mass Spectrum) 데이터와 향(시트러스, 우디, 플로럴 등)을 학습했다. 사용자가 "시트러스하고 우디한 향"과 같은 조건을 입력하면 AI는 그에 맞는 가상 향 프로파일을 생성하고, 오일 혼합 비율을 자동으로 계산해 제시한다. 생성된 향은 인간 평가단이 실제 향과 비교·검증하여 목표 향과의 일치도를 평가했다. 향후 향료 회사나 연구소가 실험 설계를 자동화하는 B2B 도구, 또는 향을 직접 디자인하는 B2C 창작 도구로의 확장 가능성이 높다.

최신 생성 AI 확산 모델을 향 데이터 분야에 도입하여, 향 조합과 비율 산출을 자동화하고 속도를 향상시킨 점, 인간 패널 검증을 통해 신뢰성을 확보했다는 의미가 있다. OG디퓨전 모델은 AI가 향을 창작한다는 개념을 현실화한 연구로, 향수 산업의 생성 AI 전환을 예고한다.

## 아로마버스: XR 기반 향 체험 플랫폼

XR(Extended Reality, 확장현실)과 향이 결합된 플랫폼 아로마버스(Aromaverse)는 사용자가 가상 세계에서 향을 시각·청각과 함께 체험하고, 향 노트를 실시간으로 커스터마이징하며, 다른 사용자와 공유하거나 구매까지 가능한 다중감각 소셜 커머스 환경을 제안한다(Dubey et al., 2025). 이러한 기술은 향이 단순한 제품을 넘어 가상공간에서 확장된 감각 경험으로 소비될 수 있는 가능성을 시사한다.

## 얼굴 표정으로 향을 평가하는 AI

중국의 광저우 디지털 파일럿 테크놀로지(Guangzhou Digital Pilot Technology Co., Ltd., 广州数化领航科技有限公司, IDP)는 2022년 얼굴 표정 기반 AI 향 평가 시스템을 개발했다(Sina Finance, 2021.10.12). 이 솔루션은 정밀 얼굴 인식, 감정 인식 AI, 빅데이터 분석을 결합해 향을 맡을 때 사람의 미세 표정 변화(0.13초 단위)를 포착한다. 이 데이터를 통해 향이 유발한 감정·호감도 지표를 산출하고, 개인 프로필과 결합해 인구집단별 반응 예측까지 수행한다. 주요 고객은 글로벌 향료 회사로, 신제품 포뮬러의 소비자 반응을 비대면으로 검증할 수 있는 B2B 연구용 플랫폼으로 활용된다. 코로나 팬데믹 시기에는 대면 시향이 어려운 상황에서 원격 향 평가 솔루션으로 주목받으며 여러 향료 기업에 적용되었다.

소비자 감정 데이터에 기반하여 제품 개발에 직접 반영하고, 실시간 분석으로 피드백 속도를 단축하고, 화장품 · 생활용품 등 광범위한 응용이 가능하다는 점이 특징이다. 향을 감각이 아닌 표정 데이터로 읽어내는 새로운 평가 패러다임을 제시했다.

## 전자 후각+딥러닝을 통한 향 감시

AI가 향을 창조하거나 추천하는 기술을 넘어, 향의 품질과 정체성을 감시하고 판별하는 기술로 확장되는 흐름도 뚜렷해졌다. 전자 후각(electronic nose)과 딥러닝을 결합한 최근 연구들은, 복합 가스 센서 어레이에서 수집된 신호를 기반으로 향수의 품질 일관성, 배치(batch) 간 변동, 심지어 위조 여부까지 판별할 수 있음을 보여 주었다(Ijaz et al., 2025). 인간의 후각을 모사하는 것이 아니라, 향이 방출하는 화학적 패턴의 미세한 차이를 AI가 감지하도록 설계했다. 여러 종류의 가스 센서가 동시에 반응해 만들어 내는 고차원 신호를 입력으로 삼고, 이를 콘볼루션 신경망(Convolution Neural Network)이나 트랜

스포머 계열 모델로 학습시켜, 동일 브랜드 향수의 정상 샘플과 미세하게 조성이 달라진 샘플을 높은 정확도로 구분했다.

흥미로운 점은, 이 시스템이 어떤 향이 더 좋은가를 판단하지 않는다는 데 있다. 대신 AI는 "이 향이 이전과 같은가", "이 향이 원래의 그것인가"라는 질문에 답한다. 이는 향수 산업에서 종종 문제로 지적되는 원료 변경, 노화, 저장 조건 차이, 병행 수입 및 위조품 이슈를 기술적으로 다루는 새로운 방식이다. 인간 조향사나 품질 관리자는 향의 변화를 감각적으로 인지하지만, 그 판단은 주관적이고 재현이 어렵다. 반면 전자 후각 기반 AI는 동일 조건에서 반복 측정이 가능하고, 향의 변화를 수치화된 패턴 차이로 기록한다.

이렇게 AI는 향을 만드는 기술일 뿐 아니라, 향을 산업적으로 관리하기 위해 필요한 감시 인프라로도 기능하기 시작했다. 향수 산업에서 AI의 역할이 창조와 추천을 넘어, 브랜드 정체성과 품질 신뢰를 지키는 보이지 않는 기술 층위로 확장되고 있음을 보여 준다.

## ScentChat: 소비자·조향사 대화형 창작 AI

글로벌 향료 기업 IFF는, 2025년 AI 기반 향수 창작 플랫폼 센트챗(ScentChat)을 도입했다(StockTitan, 2025.2.4). 외부 기술 제휴보다는 자체 AI를 중심으로 개발했고, 왓츠앱 · 페이스북 메신저 등 주요 메신저 플랫폼과 통합하여 소비자, 브랜드, 조향사 간 실시간 피드백 채널을 구현했다. 센트챗은 자연어 처리 엔진을 이용해 소비자가 메시지로 입력한 "부드럽고 따뜻한 향", "여름 저녁 느낌" 같은 언어를 분석한다. AI는 이를 향기 구성 요소로 변환해 개발자에게 전달하고, 소비자의 감정 · 선호 데이터를 학습해 향수 조합 추천에 반영한다. 향수 브랜드와 마케팅팀은 이 데이터를 활용해 개발 방향을 정하고 시장 반응을 즉시 반영할 수 있다. 이 플랫폼은 여러 글로벌 브랜드와 협력하고 있어, 향수 창작의 디지털 커뮤니케이션 허브로 자리 잡았다.

소비자와 개발자 간 실시간 양방향 소통을 가능하게 하고, 감정 분석을 통해 감성적 니즈를 파악하여, 브랜드와 소비자 간 개인화된 연결을 강화하고 있다. 센트챗은 향수 개발의 느린 과정을 즉시적이면서도 감성적인 과정으로 바꾼 혁신으로 평가받는다.

## Moodify: 리포뮬레이션 AI

이스라엘의 AI 기반 향 개발 랩 무디파이(Moodify.AI)

는 2025년 국제 규제 변화나 원료 수급 이슈로 인해 빈번해지는 리포뮬레이션(reformulation) 수요에 대응해, AI를 활용한 재조정 서비스를 전면에 내세웠다(Makeup in Paris, 2025). 무디파이는 AI를 활용하여 향기의 성분을 분석하고 재구성하는 솔루션인 〈무디파이 화이트(Moodify White)〉를 제공하며, 프록터&갬블(P&G)과 같은 글로벌 기업들과 협력하고 있다.

향수 산업에서 리포뮬레이션은 단순히 원료를 대체하는 문제가 아니라, 소비자가 기억하는 그 향의 정체성을 유지하면서도 안전성 · 공급망 · 비용 제약을 동시에 만족시켜야 하는 고난도 과제다. AI를 활용하면, 후보 조합 탐색과 제약 조건(규제, 원료 가용성, 비용)의 동시 최적화가 빨라지고, 결과적으로 브랜드는 출시 이후에도 제품을 지속 가능하게 운영할 수 있다. 이 사례는 향수 산업에서 AI가 창작을 넘어 유지 · 관리로까지 확대되고 있음을 보여 준다.

## 키 포인트: 창조, 검증, 소통, 재설계

위 사례들은 AI가 향 산업의 보이지 않는 엔진으로 작동할 수 있음을 보여 준다. AI가 향수 창조를, IDP와 전자 후각에서는 AI가 향수 검증을, IFF 센트챗에서는 AI가

소통을 담당함을 알 수 있다. 창조의 단계에서는 생성 AI가 향의 조합과 비율을 제안하며 조향 프로세스를 자동화한다. 검증의 단계에서는 감정 인식 AI가 소비자의 무의식적 반응을 객관화해 제품 완성도를 높인다. 소통의 단계에서는 자연어 기반 피드백 시스템이 소비자와 브랜드를 실시간으로 연결해 창작의 방향을 수정한다.

여기에 재설계라는 역할이 더해지고 있다. 리포뮬레이션 과정에 AI가 개입함으로써 향수는 한 번에 완성되는 제품이 아니라, 환경과 제약 조건에 따라 지속적으로 조정 · 유지되는 시스템으로 전환된다.

또한 페이퍼센트와 같은 장치가 결합되면, 소통의 범위는 매장 공간까지 확장된다. 향을 시향하는 순간의 행동 · 감정 데이터를 수집해 되돌려주면서, 오프라인 체험이 디지털 대화의 일부로 편입된다. 즉, 소통의 개념이 텍스트와 설문을 넘어 체험 데이터로 확장되는 셈이다.

AI는 조향사나 마케터를 대체하는 것이 아니라, 그들의 감각을 보조하고 확장하는 도구다. 데이터 과학이 향의 세계를 수치화할 때, 예술과 기술의 경계는 더 유연해진다. 향은 이제 측정되고, 대화로 창조되는 데이터가 되었다. 이것이 바로 AI가 향수 산업에 제공하는 새로운 감각의 질서다.

## 참고문헌

Aleixandre, M. et al.(2025). Generative Diffusion Network for Creating Scents. *IEEE Access, 13*, pp.57311~57321. https://doi.org/10.1109/ACCESS.2025.3555273

Dubey, A. et al.(2025). Virtual social immersive multi-sensory e-commerce. arXiv preprint arXiv:2510.15894. (Accepted as demo paper at IEEE International Symposium on Mixed and Augmented Reality, ISMAR 2025).

Ijaz, U. et al.(2025). A comprehensive review of electronic nose systems: Design, sensors, and future directions. *Chemical Engineering Journal, 524*, 169482. https://doi.org/10.1016/j.cej.2025.169482

Makeup in Paris(2025.5.20). Scent Tech Synergy: AI and the Future of Fragrance Creation. https://www.makeup-in-paris.com/en/show-news/scent-tech-synergy-ai-and-the-future-of-fragrance-creation

Sina Finance(2021.10.12). 用AI捕捉消费者微表情 香味数字化要来了, https://finance.sina.cn/2021-10-12/detail-iktzscyx9113394.d.html

StockTitan(2025.2.4). IFF Adds Real-Time Consumer Feedback into Fragrance Creation with Introduction of AI-Powered ScentChat™ App, https://www.stocktitan.net/news/IFF/iff-adds-real-time-consumer-feedback-into-fragrance-creation-with-bd78idc39fup.html

## 09

# AI 향수 생태계

AI의 도입으로 향수 산업은 향료 회사, 테크 기업, 브랜드, 소비자가 다층적으로 연결된 생태계로 재구성되고 있다. 전통의 조향 실무는 데이터 · 알고리즘과 결합해 속도 · 객관성 · 개인화를 제고하고, 소비자 접점은 추천 · 체험 · 스토리텔링 중심으로 진화한다. 핵심 축별 참여자와 역할, 생태계의 공통 구조를 살펴보자.

AI와 기자?

### 데이터·조향 플랫폼을 내재화하는 향료사

지보단은 세계 최대 향료 회사로, 원료 DB 시각화 · 배합 가속, 현지 데이터에 기반한 AI 조향을 내재화했다. AI가 초기 포뮬러를 제안하면 조향사가 보정해 완성하는 구조다.

디에스엠-피르미니시(DSM-Firmenich)는 감정 · 생체 신호를 조향에 반영하고, 중소기업 · 스타트업에 SaaS형 조향 인프라를 제공, 개방형 플랫폼을 확장했다.

IFF는 웰니스와 향 간의 상관관계를 연구하고, 메신저 기반 실시간 피드백 루프를 구축해 소비자 감성 데이터를 향수 창작에 투입한다.

심라이즈(Symrise)는 AI 조향 생성을 상업화하는 과정에서, AI는 보조라는 업계 인식을 확인하고 대체가 아닌 증폭 도구로 재포지셔닝했다.

타카사고(Takasago)는 아시아 소비자 빅데이터 기반 지역 최적화 조향을 강화, 글로벌 표준화보다 로컬 정밀화에 초점을 맞춘다.

이렇게 상위 향료 회사는 AI를 내부 R&D의 표준 공정으로 흡수하며, 가상 실험으로 리드타임을 단축하고, 감정 · 행동 데이터로 스토리를 보강하며, 중소기업 접근성 확보를 통해 디지털 전환의 허브로 스스로를 자리매김하고 있다.

한편 오스모(Osmo)는 전통적인 의미의 향료 회사는 아니지만, 디지털과 AI 시대의 새로운 향료 하우스를 지향한다는 점에서 특이하다. 스마트 모바일 시대를 맞아 오프라인 지점이 없는 은행인 카카오뱅크, 토스뱅크, K뱅크 등이 활약하는 것처럼, 과연 AI 시대에 전통적인 향료 회사들의 자리에 오스모가 끼어들 수 있을 것인가?

전통 향료 회사들이 AI를 조향사 지원 도구로 점진적으로 내재화해 가는 것과 달리, 오스모는 향 자체의 디지털 코드화와 플랫폼화를 통해 향 산업의 구조적 변화를 촉진하려는 점이 전략적으로 차별적이다(Sicardi, 2025). 다만 투명성, 데이터와 향 경험의 질, 기존 장인 기술과의 균형에 관한 논쟁도 존재한다. 일부 조향 전문가들은 AI가 '향의 본질'과 인간의 감각적 미묘함을 대체하기 어렵다는 비판을 제기하며, AI 시스템의 학습 데이터 · 알고리듬 공개 여부와 조향사의 창작 주도권 문제를 지적한다. 오스모는 전통 향료 회사와 협력하는 동시에 디지털 향기 생성 · 배포 플랫폼이라는 혁신 비전은 향수 생태계의 확장 가능성을 보여 주고 있다.

## AI와 협업하는 럭셔리 브랜드

코티(Coty)는 니치 럭셔리 〈Infiniment Coty Paris〉를 통해 소재·지속 가능성·디지털을 묶어 과학, 예술, 뷰티의 융합을 시도했다. 지방시는 뇌파·감정 분석으로 최적 장미 노트 Anti-morose Rose를 발굴해 제품 차별화를 이끌었다. 디올은 지보단의 카르토를 〈J'adore Parfum d'Eau〉 조향에 활용, 조향사의 창의에 AI의 속도·폭을 결합했다. 프랑스 YSL(입생로랑)은 호주 Emotiv와 EEG 기반 매장 추천 Scent-Sation을 전개, 럭셔리 체험을 과학적 개인화로 확장했다. 프라다는 〈Paradoxe Virtual Flower〉에서 AI 조향을 공식 언급하여 미래적 럭셔리를 탐색했다. 스페인의 푸이그(Puig)그룹은 파코라반 Phantom에서 IFF AI와 뇌과학을 도입해 남성 정서를 자신감, 섹시, 에너지로 유도하는 조합으로 성공을 거두었다.

브라질의 O Boticario는 심라이즈(Symrise)와 IBM이 만든 필리라(Philyra)를 활용하여 AI 향수를 출시했다. 샤넬·구찌는 아직 조향보다는 AR·경험 기술 중심 혁신(Chanel Lipscanner, Gucci Snap AR)으로 디지털 커뮤니케이션을 강화하고 있다(Forbes, 2021; Vogue Business, 2019).

이렇게 럭셔리 브랜드는 AI와 협업하여, 뉴로테크·추천·AR 등을 접목해 개인화를 가속화하며, 효율화 그 이상으로 브랜드 스토리텔링에 과학적 근거를 제공한다.

## 인디 브랜드: 개인화와 온·오프 결합

바이올로지(Biology Fragrances)의 〈Elysian〉은 AI 생성, 브랜딩, 디자인까지 자동화하며 니치 시장의 실험성을 증명했다. 메종21G는 성격·감정 퀴즈와 O2O 제작으로 맞춤 럭셔리의 대중화를 확장했고, 노오디너리센트(No Ordinary Scent)의 이모션테크은 사진·기억을 향으로 번역해 스토리 주도 개인화를 구축했다. 엘릭서(Elixir)는 설문을 기계 학습에 연결하여 초개인화를 통해 재구매율을 높였고, 도시에(Dossier)·노트워디(Noteworthy)는 AI 추천 샘플 키트로 체험 기반 신뢰를 확보했다. 센트마틱(Scentmatic)은 언어, 향 맵핑으로 백화점에서의 리테일 전환을 시도했다. 이렇게 인디·D2C는 데이터 입력(언어·사진·설문)을 가볍게 하고, 샘플·O2O로 전환을 높이며, 생태계에서 민첩한 개인화의 실험실 역할을 수행한다. 센트버드와 스니프는 향수 구독과 AI를 결합하고 있다.

## 테크 기업: 창조에서 운영과 유지로 확장

IBM Research는 대규모 포뮬러 학습 및 생성을 가능케 했고, 알리바바 TMIC는 향수 개발 시간을 40주에서 4주로 단축하는 속도 혁신에 성공했다. 로레알 기술 인큐베이터와 이모티브는 EEG 기술을, 아로믹스는 후각 수용체 반응 측정 기술을 제시하고 있고, 센트지니는 향수 매칭 API를 제공하는 사업을 하고 있다. 무디파이는 규제·원료 변화에 따른 리포뮬레이션(reformulation)과 향의 일관성 유지까지 AI로 지원하면서, 테크 기업의 역할이 창조에서 운영·유지 영역으로까지 확장되고 있다.

삼성전자는 8-카트리지 사물인터넷(IoT) 조향이라는 미래 시나리오를 제시했고, 아모레퍼시픽은 EEG, 감정, 향을 결합한 웰니스 프로토타입으로 CES 혁신상을 수상했다. 니누와 센티 마키나, 파나소닉 아로마 샷, 무도, OVR 테크놀로지의 오마라는 휴대용 퍼퓸, 홈 디퓨저 등 하드웨어에서 AI에 의한 개인화의 가능성을 탐색 중이다.

이렇게 소프트웨어 기술 회사는 데이터, 추천, 공동 창작을, 하드웨어 기술 회사는 실시간 조향과 분사를, 뉴로테크와 생명과학 기술 회사는 측정을 주로 담당한다. 세 축이 브랜드와 결합해 창조, 검증, 소통, 재설계 체인을 완성한다.

## 생태계 구조와 공통 규칙

**AI는 조향사의 증폭기**: AI는 조향사를 대체하는 것이 아니라 발상, 탐색, 검증 능력을 증폭한다. 성공은 AI 기술을 과시하는 것이 아니라 조향사 · 브랜드 서사와의 내재화 수준에 달려 있다.

**데이터 루프의 심화**: 소비자 언어 · 행동 · 신경 데이터를 개발 초기부터 반영(예: ScentChat, EmotiON, SCENT-SATION)해 개인화, 속도, 신뢰를 동시에 확보한다.

**B2B 플랫폼화와 중소기업 포용**: Scentmate, Creatogether처럼 개방형 B2B가 늘며, 인디 · 스타트업의 접근성이 향상된다. 생태계에서 향료 회사가 허브가 되고, 이 허브에 럭셔리와 인디가 참여하는 구조로 고도화된다.

**경험의 확장**: 추천, 혼합, 디바이스, 지원 기술이 연동돼 발견, 체험, 구매, 재방문의 여정을 짧고 매끄럽게 만든다.

AI 향수 생태계는 기술과 예술이 결합된 확장된 조향

시스템이다. 향료 회사는 데이터 허브, 테크 기업은 도구·인프라, 럭셔리 브랜드·인디 브랜드는 서사와 경험을 맡는다. 초기의 AI가 만든 향수에서 출발해, 지금은 효율성·개인화·객관화라는 실질 가치로 중심이 이동했고, 향료 회사는 이 변화를 주도하는 허브로 자리 잡고 있다.

## 참고문헌


Forbes(2021.2.22). Chanel's New Lipscanner App Finds Any Lipstick Color and Virtually Lets You Try It On. https://www.forbes.com/sites/celiashatzman/2021/02/22/chanels-new-lipscanner-app-finds-any-lipstick-color-and-virtually-lets-you-try-it-on/

Sicardi, A.(2025.6.24). How AI infiltrated perfume. https://www.theverge.com/ai-artificial-intelligence/691050/perfume-ai

Vogue Business(2019.12.4). Gucci partners with Snap on AR-friendly glasses. https://www.voguebusiness.com/technology/snap-x-gucci-glasses-augmented-reality

## 10
## AI 향수의 미래

AI는 향수를 더 잘 만드는 기술을 넘어, 향을 쓰는 방식 자체를 재설계하는 기술이 될 가능성이 크다. 향이 상황에 맞춰 업데이트되는 소프트웨어가 된다. 향은 더 이상 개인의 사치품을 넘어 공간 · 미디어 · 헬스케어 · 커머스의 인프라로 들어간다. AI는 소비자를 취향의 주인에서 한 단계 더 나아가 향의 제작자로 바꾸며, 산업의 권력 구조까지 재편한다.

AI와 미래 의사?

## 향이 소유 아닌 자동 실행의 대상으로

사진 · 날씨 · 일정 · 감정 · 복장 등이 입력되면, AI가 해석하여, 향 디바이스로 출력되고, 만족도 · 체류 시간 · 재방문 정보가 피드백된다. 아침에 눈을 뜨면 AI가 그날의 날씨 · 기온 · 미세먼지 · 일정(회의 · 운동 · 휴식) · 수면 데이터까지 읽고, 집 안의 디퓨저에서 오늘의 향을 자동으로 분사한다. 여기에 사용자가 아침에 찍는 사진 이미지(표정 · 피부 톤 · 분위기)까지 결합되면, 향은 단순 상쾌함이 아니라 오늘의 컨디션을 반영한 조합으로 바뀌고, 향수는 옷과 같은 데일리 코디 아이템이 된다. 같은 날씨라도, 어떤 날은 "클린 셔츠 + 미니멀 메이크업"이고 어떤 날은 "강한 립 + 블랙 수트"다. 사용자가 거울 앞에서 화장한 얼굴이나 그날의 착장(OOTD, Outfit of the Day)을 찍으면, AI가 색채 · 질감 · 스타일을 인식해 오늘 룩에 맞는 향을 추천하거나 즉석 조향한다.

기관들은 시간대 · 이용자 그룹 · 공간에 따라 향을 다르게 제공할 수 있으며, 콘서트 등 특별 이벤트 공간은 이벤트 전 · 중 · 후에 맞춰 향을 변화시켜 고객의 몰입을 강화할 수 있다. 콘서트, 영화 상영관 같은 이벤트 공간은 향을 통해 강한 기억을 만드는 후각 연출로 차별화할 수 있다(The Guardian, 2024).

사람들의 반응을 AI가 관찰하여 피드백을 수집하며, 이 데이터는 다음 이벤트의 향 연출을 고도화하는 학습 데이터가 된다. 즉, 향은 한 번 분사하고 끝나는 것이 아니라 공간 경험을 최적화하는 운영 지표가 된다.

## 향이 자동으로 따라오는 이동형 디바이스

사용자가 작은 구슬 같은 장치를 휴대하고 다니면, 그날의 이동 경로와 맥락에 맞춰 구슬에서 향이 자동으로 바뀐다. 서문에서 소개한 "머리 위 밀랍 원뿔"의 AI 버전이다.

자동차는 이미 향을 일부 도입했다. 메르세데스-벤츠는 Air-Balance 패키지를 통해 차량 실내 공기 정화 및 실내 향(퍼퓸 아토마이저, 캐빈 프래그런스)을 제공해 왔고, 패키지 구성에 향 분사(퍼퓸 아토마이징)가 포함된다(Mercedes-Benz USA, 2013). 다만 "향이 있다"와 "AI가 향을 운전 경험에 최적화한다"는 다르다. AI가 추가되면 풍경 인식 조향, 운전 목적 기반 조향(출근 · 주말 · 장거리 · 야간 등), 동승자 맞춤 조향(가족 · 연인 · 거래처 등), 멀미 · 피로 대응 조향 등이 가능하다.

폰에서 향이 나는 것은 공상처럼 보이지만, 과거에도 통신기기에 연결하는 향 장치나 향 메시징 디바이스 같은 시도가 있었다(Wired, 2014). 이 아이디어가 다시 살아나려면, 하드웨어의 미니어처화와 카트리지 표준화 등이 필요하다. 메시지 · 통화 · 영상의 다음 레이어로 폰에 "향 전송"이 생길 수 있는 것이다. 예를 들어, 가족이 보낸 사진을 열면 그 장소의 공기 향이 아주 약하게 동기화되고, 다이어트 앱은 사용자가 다이어트 모드일 때는 식욕을 자극하는 향 대신 포만감을 돕는 향을 선택하도록 설계될 수 있다.

## 매체·콘텐트가 향을 자동 스트리밍

향이 콘텐트와 결합하는 시도는 이미 4D · 4DX라는 이름 등으로 존재해 왔다(GQ, 2016). 4DX 같은 포맷은 좌석 움직임, 바람, 물, 향 등 다양한 효과를 통해 몰입을 강화해 왔다. 하지만 미래는 정해진 향을 일괄 분사하는 수준을 넘어, AI가 장면을 해석하고 개인에게 맞춰 향을 생성 · 조절하는 방향으로 확장될 것이다. TV나 미디어 기기에 향 기능이 결합되면, 콘텐트 속 음식 · 장소 · 상황에 맞는 향이 동기화된다. "신라면 먹는 장면"에 라면 스프 · 면 · 김치 향, "스파게티 장면"에 토마토 소스 · 바질 · 치즈를 재현한 향이 나오는 식이다.

## 관계의 순간과 기억을 향으로 저장하다

향이 강력한 이유는 기억과 감정이 붙어 있기 때문이다. 그래서 미래의 향수 시장은 나에게 맞는 향을 넘어 우리의 순간을 담는 향으로 확장된다. 향수 선물은 늘 어렵다. 그래서 실패 확률을 낮추는 개인화가 필요하다. MBTI, 평소 옷 스타일, 좋아하는 장소, 스트레스 해소 방식 같은 입력을 받아, 선물 받는 사람에게 맞는 향을 AI가 생성한다.

기념일, 졸업식, 첫 직장 출근, 여행의 순간은 시간이 지나면 흐릿해진다. 사진 · 영상 · 위치 · 날씨 기록(그날의 기온 · 비 · 바람 등)과 사용자가 남긴 키워드(떨림 · 실렘 · 차가운 공기 등)를 기반으로, 그때 당시의 향을 재현하거나 새로 해석해 만들 수 있다. 중요한 것은 기억을 사용 가능한 형태로 저장한다는 점이다.

반려동물은 인간보다 수명이 짧다. 향은 그 추모를 가장 조용하지만 강력하게 만들 수 있다. 반려동물의 사진, 함께 갔던 장소, 보호자의 기억 언어("따뜻한 털, 햇빛, 비누 냄새")를 입력으로 받아 함께한 시간의 향을 만든다. 이 향은 향수일 수도 있고, 집에서 사용할 수 있는 디퓨저 · 캔들일 수도 있다.

결혼식은 공간 경험이면서 기억 저장 이벤트다. 여기

서 향의 골격은 주최자(신랑 · 신부)가 먼저 설정한다. 예를 들어 "우리가 처음 만난 카페의 우디함 + 허니 노트 + 봄비" 같은 스크립트를 기본으로 깔고, AI가 공간 크기, 인원 수, 진행 타임라인에 맞춰 향의 강도와 타이밍을 설계한다.

## 연애, 사업, 치료 등 목적형 향수가 온다

여기서부터는 향수의 정의가 바뀐다. 향이 "좋은 냄새"에서 "목적을 달성하기 위한 도구"로 이동한다. 그리고 AI는 목적을 입력으로 받아, 향을 출력하는 후각 처방 엔진이 된다.

**셀프 향기 테라피 방**: 이 방은 나만의 정서 환경을 빌리는 공간이다. 사용자는 20~40분 단위로 작은 룸을 예약하고, 조명 · 사운드 · 향 · 호흡 가이드를 결합한 프로그램을 선택한다. AI는 사용자의 스트레스 지표와 선호를 학습해, 다음 방문 때 더 정교한 테라피 시퀀스를 제공한다. 집 · 회사와 분리된 정서 리셋 공간으로, 기업의 복지 프로그램(번아웃 케어)과 연결될 수 있다.

**향으로 위고비 같은 경험을 만든다**: 사용자가 원하는 것은 맛있는 것을 먹는 경험과 건강한 몸의 동시 달성이다. 향(후각 자극)이 자율신경계 · 식욕 · 섭식 행동에 영향을 줄 수 있다는 연구들은 오래전부터 존재해 왔다. 예를 들어 자몽 오일 향 자극이 동물 실험에서 자율신경 활성 및 식욕·체중 증가와 관련된 변화를 보였다는 보고가 있다(Shen et al., 2005). 냄새 자극이 식욕에 미칠 수 있다는 연구들을 적절히 활용한, AI 기반의 향 생성 서비스 설계가 가능할 것이다. 저칼로리 식품에 향으로 미각·후각을 보정하는 것도 가능하다. 사용자가 피자를 먹되 칼로리는 낮추고 싶다면, AI는 피자 먹는 느낌을 만드는 향 프로파일(구운 반죽, 치즈, 오레가노, 토마토 소스 느낌)을 설계한다. 수저·포크에 아주 미세한 향 모듈이 들어가 한 입 순간에만 향이 나서, 저칼로리 식품이너 '피자처럼' 느껴지게 할 수 있다. BBQ를 먹은 것처럼 느끼게 하는 "훈연, 구이 노트"로 포만감과 만족감을 높이는 시나리오도 가능하다. 즉 "먹지 말라"가 아니라, 먹는 경험을 재설계해 행동을 바꾸는 비즈니스 모델이 가능하다.

**유혹하고 싶은 이성에게 맞는 향 생성**: 상대에게 매력적으로 인식될 가능성을 높이는 향을 AI가 그때그때 만들 수 있다. 상대의 취향 데이터(그 사람이 좋아하는 향, 싫어하는 향, 좋아하는 분위기), 만남의 TPO(낮·밤, 실내·야외, 계절), 사용자의 캐릭터(내 이미지와 상대의 기대)를 종합해 상대 · 상황 · 나의 삼각 최적화를 수행할 수 있다. 이 경우 핵심은 향을 잘 만들기보다 리스크 관리다. 유혹을 위한 향은 역효과(과함 · 부자연 · 거부감)가 크므로, AI는 보통 강한 자극이 아니라 거부감이 낮은 안정권에서의 차별화를 설계하게 된다. 또한 상대의 동의 없는 조작 논란이 생길 수 있어, 상대 맞춤보다는 나의 매력을 강화하는 방향으로 포지셔닝하는 것이 더 바람직할 것이다.

**사업 설득을 위한 향 생성**: 투자자 미팅에서는 긴장을 낮추되 정신을 맑게 하는 향, 협상 테이블에서는 공격성을 낮추고 대화 지속을 돕는 향, 발표 · 강연에서는 발표자의 안정감을 높이면서 청중의 집중을 끌어올리는 향 등을 AI가 설계하여 제시할 것이다.

**건강 · 스포츠 · 학업 · 치료까지**: 건강 · 웰니스(수면 · 스트레스 · 회복 · 집중), 스포츠 성과 제고(각성 · 리듬 · 회복 시나리오), 학업 · 시험 성과 제고(집중 · 불안 완화 · 컨디션 유지), 치료 보조(혈압 관리 · 지방 분해 · 동맥경화 예방 · 콜라겐 축적 · 정자 운동성 제고), 트라우마 치료(요양병원 · 정신병원 등에서 개인 상태에 맞춘 향을 환경 치료의 일부로 사용) 등 특정 생리 지표를 돕는 향을 AI가 설계 제작하는 것이 가능해질 것이다.

## 제품에 향을, 자판기가 제작, 집에서 재배

미래의 향수 시장은 향이 유통되고 생산되는 방식이 바뀌는 것이 더 큰 변화일 수 있다.

**기존 무향 제품에 향을 입혀서 판매**: 미래에는 향이 없는 제품이 향을 위한 캔버스가 된다. 예를 들어 무향 바디로션, 무향 섬유 스프레이, 무향 의류, 심지어 책(종이) 등에도 사용자가 원하는 향을 입혀 판매한다. 같은 제품이라도 나만의 향을 입혀 차별화해야 하는 것이다. 기업들은 재고 단위를 늘리지 않고도 개인화 향 제공이 가능해진다. 무향 제품이 기본이 되고, 사용자가 향을 선택, 결정해서 사용하게 되는 것이다.

**AI 기반 향수 자판기**. 자판기는 즉시성과 표준화의 상징이다. AI 향수 자판기는 다음을 묶는다. 짧은 퀴즈 또는 사진 · MBTI · 기분을 입력하며, AI가 추천하고 즉석 조향이 이루어지며, 미니 보틀 또는 카트리지가 제공된다. 설치 장소는 공항, 백화점, 페스티벌, 호텔 로비, 여행 명소, 문화 전시 공간 등이 유력하다.

**향 재료까지 직접 집에서 재배하는 시대로 변화**: 마지막 변화는 생산 단계까지 내려온다. 사용자가 향료를 구매하는 것이 아니라 재배한다. 민트, 로즈마리, 라벤더 같은 허브부터, 향을 내는 식물 재배를 자동화하는 집 ·

도시형 향기 스마트 팜이 생기고, 집에서 소형 추출·혼합을 수행하는 기계와 극소량을 정밀 계량하고 혼합과 분사를 자동화하는 향수 제작 로봇과 나노 디바이스가 등장할 수 있다.

**개인은 향수의 소비자에서 향수의 생산자로 변신**: 대표적인 음악 생성 AI인 Suno.ai가 개인을 음악 창조자로 만든 것처럼, "향기의 Suno"가 등장하면 개인은 향을 만든다. 내가 원하는 분위기를 언어·사진 등으로 입력하면, AI가 만들어 준다.

**개인이 제작자가 되어도 럭셔리 향수 브랜드는 유지**: 모두가 향을 만들 수 있게 되어도 럭셔리는 남는다. 오히려 럭셔리의 역할은 향 자체에서 세계관·희소성·장인성·상징 자본으로 더 명확해진다.

## 내 애인보다 내 향을 더 잘 아는 AI

향은 원래 개인 취향이 제일 중요하다. 그동안 향수 산업이 그것을 제대로 만족시키지 못했을 뿐이다. 따라서 AI 시대의 향수 산업의 미래 핵심 경쟁은 향을 잘 만드는가가 아니라 나를 얼마나 더 잘 이해하는가다. AI는 내가 좋아한다고 말한 것뿐 아니라 내가 오래 머무는 공간, 자주 선택하는 옷 색, 스트레스가 올라갈 때의 행동 패턴까지 학습한다. 그렇게 되면 AI는 단순 추천을 넘어, 감정에 개입해 감정을 바꾸는 치료적 개입(예: 불안 완화, 안정 유도)을 시도하게 된다.

향수 추천과 조향 문제를 확률적 추론의 관점에서 재정의한 연구도 등장했다(Martinez, 2024). 향수 취향을 고정된 선호 목록이나 단순 유사도 매칭이 아니라, 불확실성을 포함한 추정 문제로 다룬다는 점에서 기존 추천 시스템과 구별된다. 사용자가 특정 향을 시향하고 긍정 · 부정 반응을 보일 때마다 AI는 그 반응을 새로운 증거로 삼아 향 노트(플로럴 · 우디 · 스파이시 등)와 심리적 성향 사이의 확률 분포를 업데이트한다. 흥미로운 점은, 향 선호를 단순 감각 문제가 아니라 심리적 자기 이미지와 연결해 해석했다는 점이다.

예를 들어, 사용자가 반복적으로 '따뜻함', '안정감', '익숙함'에 긍정 반응을 보일 경우, AI는 이를 특정 향조의 선호로만 해석하지 않고, 융의 심리 유형이나 정서적 욕구를 추론한다. 그 결과 추천되는 향은 이전에 좋아했던 향과 비슷한 것이 아니라, 지금까지의 선택들이 암시하는 정체성에 가장 그럴듯한 향이 된다. AI는 당신에게 맞는 향을 알고 있다기보다 당신이 어떤 사람인지에 대한 가설을 세우고, 시향과 피드백을 통해 그 가설을 점점 정교화한다. 이는 향수가 본질적으로 갖는 주관성·변동성·맥락 의존성을 정면에서 다룬 사례이며, 향수 산업에서 AI의 역할이 단순 자동 추천을 넘어 정체성 모델링(identity modeling)의 영역으로 확장될 수 있음을 보여 준다.

머신러닝을 활용해 향의 분자 구조와 인간의 후각 감각 사이의 관계를 정량적으로 모델링하려는 시도도 있다(Rodrigues et al. 2024). 목표 향의 후각적 특성을 재현하고, 이를 기반으로 향 분자의 구조적 특성과 인간의 체험을 연결하는 것이다. 최신 딥러닝 기술인 그래프 신경망 및 생성 신경망을 이용해 잠재적인 향 분자 조합을 생성하였고, 이 조합이 실제 향으로 인식될 때의 향 강도(odor intensity)를 예측하는 구조를 통해 조향 후보군을 평가한다. 또한 증기압(vapor pressure)이나 향 노트 계층처럼 향에 영향을 주는 물리·화학적 특성까지 고려함으로써, 전통적으로 경험과 감각에 의존하던 향수 개발 과정을 수학적 최적화 문제로 변환한다.

향수 산업에서 AI는 더 이상 조향사의 직관을 보조하는 도구 수준을 넘어서, 분자 수준에서 향의 경험을 구조화하고 최적의 조합을 찾아내는 기술로 진화하고 있다.

## ESG·치료·권력 구조의 재편

AI는 향수 산업을 더 ESG적으로 바꿀 수 있다. 예를 들어 맞춤 제작과 리필 중심 모델이 확산되면, 불필요한 보틀 낭비와 재고 폐기를 줄일 수 있다. 또 AI가 실험을 가속하면 치료 · 웰니스 목적의 향 개발이 빨라질 수 있고, 대규모 향료 회사에 의존해 지불하던 조향 커미션 구조도 일부 완화될 수 있다. 다만, 역으로 향료 회사가 AI 플랫폼을 선점하면 커미션이 플랫폼 사용료로 바뀌는 형태의 재편도 가능하다. 결국 미래의 향수 산업은 향료 · 조향 · 보틀 판매에서 데이터 · 생성 · 디바이스 · 경험 · 피드백으로 중심축이 이동한다. 향은 제품이면서 동시에 서비스이고, 경험이며, 때로는 치료 프로토콜이 된다.

향은 점점 더 상황 인식형(자동화)이 되고 점점 더 목적 지향형(처방)이 되며 점점 더 대중화(개인이 만든다) 된다. 그리고 이 세 변화는 결국 향수를 럭셔리 제품에서 감정과 경험을 설계하는 기술 산업으로 이동시킨다. 미래의 승자는 좋은 향을 만드는 기업뿐만 아니라 향을 언제 · 어디서 · 누구에게 · 어떤 목적으로 제공해야 하는지를 설계하고, 피드백 순환 고리를 구축하는 기업이 될 가능성이 크다.

## 참고문헌


GQ(2016). So Seeing a Movie in '4DX' Was··· Actually Kind of Awesome. https://www.gq.com/story/4dx-jungle-book-tickets-movie-review

Martinez, R.(2024). Bayesian algorithmic perfumery: A hierarchical relevance vector machine for the estimation of personalized fragrance preferences based on three sensory layers and Jungian personality archetypes. arXiv preprint arXiv:2411.03965. https://doi.org/10.48550/arXiv.2411.03965

Mercedes-Benz USA(2013.7.2). The new Mercedes-Benz S-Class. https://media.mbusa.com/releases/release-150dd91f1cee43d183239fb292c89524-the-new-mercedes-benz-s-class

Rodrigues, B. et al.(2024). Molecule generation and optimization for efficient fragrance creation. arXiv preprint arXiv:2402.12134. https://doi.org/10.48550/arXiv.2402.12134

Shen, J. et al.(2005). Olfactory stimulation with scent of grapefruit oil affects autonomic nerves, lipolysis and appetite in rats. PubMed. https://pubmed.ncbi.nlm.nih.gov/15862904/

The Guardian(2024.12.19). 'The full immersive experience': the rise of cinema with an added twist. https://www.theguardian.com/film/2024/dec/19/immersive-experience-movies

Wired(2014.1.17). This Phone Lets You Send Smells, Not Texts. https://www.wired.com/2014/01/send-scents-texts-new-phone/

## 이선미

대구한의대학교 K-뷰티비즈니스학과에서 교수로 재직 중이며, 뷰티산업과 마케팅, 향기 산업 비즈니스, 기업 시그니쳐 향수 기획 및 연구에 힘쓰고 있다. 대구한의대 소상공인디지털전환지원센터장, 경상북도 화장품산업 육성위원으로서 지역 기업의 온라인 전환과 K-뷰티산업 활성화를 이끌고 있으며, 국내외 화장품 브랜드 개발 프로젝트를 수행하고 있다. 2020년 인사아트센터에서 미술작품을 향으로 표현한 콜라보 전시를 진행하였고, 대구한의대와 숙명여대의 공동 브랜드 라모니(Lamonie) 런칭을 비롯해, 향기와 디자인을 결합한 융복합 뷰티상품 연구에도 참여하고 있다. 숙명여자대학교에서 향장학 석사를, 성신여자대학교에서 이학박사를 취득했다. 실무 경험을 바탕으로 K-뷰티 마케팅 교육과 산업 연계를 주도하고 있다. 최근에는 AI 기술을 접목한 향수·뷰티 콘텐트 제작 및 창업 모델을 연구하며, 국내 뷰티산업의 글로벌 경쟁력 강화를 위한 산학 네트워크를 확대하고 있다. 화장품 구독서비스와 향수 구독서비스의 성공과 실패 사례를 기계학습 기법으로 분석하는 논문을 각각 한국화장품미용학회지에 게재하였으며, 유명인 향수의 성공과 실패 사례 분석을 생성 AI로 수행하는 연구를 한국IT서비스학회지에 게재하였다. 한국AI서비스학회 뷰티 AI서비스분과장이다.

## 이경전

경희대학교 경영대학에서 교수(경영학과, 빅데이터응용학과, 첨단기술비즈니스학과)로 재직 중이며, 한국연구재단 중점연구소 빅데이터 연구센터와 인공지능 & 비즈니스 모델 연구소(AI-BM.net) 소장을 맡고 있다. 2017년 한국지능정보시스템학회 회장을 역임했고, 현 한국AI서비스학회 회장, 한국경영정보학회 AI 연구회 회장, 한국경영연구원(KMDI) AI 비즈니스응용연구회 회장이다. KAIST에서 경영과학 학·석·박사 학위를, 서울대에서 행정학 석박사를 수료했으며, Carnegie Mellon University, UC Berkeley, MIT에서 초빙 과학자·교수로 활동했다. 주요 저서로는 《버튼터치하트》(2018), 《AI 에이전트와 사회 변화》(2024), 《AI는 어떻게 인생의 무기가 되는가》(2024), 《비즈니스모델과 AI》(2025) 등이 있으며, 미국인공지능학회(AAAI)로부터 네 차례(1995, 1997, 2020, 2024년) 혁신적 인공지능 응용상(IAAI Award)을 수상했으며, 2018년에 전자정부유공자 대통령 표창을 수상했다. AI Magazine에 세 편의 논문을 발표하는 등 100여 편 이상의 국내외 논문을 발표하고 다양한 공공기관과 기업의 자문 교수로도 활동 중이다. 유튜브 〈경전TV〉 채널을 개설하고 있다. 공학한림원 회원이다.